위기의 직장에서 성공하는 법

위기의 직장에서 성공하는 법

지은이 | 김창호
발행인 | 신중현

초판 발행 | 2019년 7월 30일

펴낸곳 | 도서출판 학이사
출판등록 | 제25100-2005-28호

대구광역시 달서구 문화회관11안길 22-1(장동)
전화_(053) 554-3431, 3432 팩시밀리_(053) 554-3433
홈페이지_http://www.학이사.kr
이메일_hes3431@naver.com

ISBN_979-11-5854-189-7 03320

이 도서의 국립중앙도서관 출판예정도서목록(CIP)은 서지정보유통지원시스
템 홈페이지와 국가자료공동목록시스템(http://www.nl.go.kr/kolisnet)에서
이용하실 수 있습니다.(CIP제어번호: CIP2019029633)

일하는 재미를 찾아야 명품이 된다

위기의
직장에서
성공하는 법

김창호

夢而思 학이사

일은 원래 괴로운 것인가, 즐거운 것인가? 괴로운 것이라면 왜 그런가? 즐겁고 재미있는 일이 되도록 할 수는 없는가? 이 물음들에 대한 답을 찾기 위해서 그동안 나름대로 노력을 기울여 왔다. 이번에 그 결실의 하나로 『위기의 직장에서 성공하는 법』이라는 책을 출간하게 되었다. 지난 몇 년간 학습한 지식과 많은 직장인들을 대상으로 조사·연구한 내용들, 그리고 그간의 실무경험들을 정리한 나름의 성과물이다.

옛날 말에 호랑이는 죽으면 가죽을, 사람이 죽으면 이름을 남긴다고 했던가? 매우 늦었지만 이제부터라도 의미 있는 삶의 흔적을 남겨보자는 생각을 해 보았다. 직장생활을 준비하거나 시작하는 청년들과 후배들에게 미력하지만 직장인의 삶에 도움이 되는 글을 남기고 싶었다. 나를 아는 모든 사람들에게 나의 이름 석 자가 기억되게 하는 노력이다.

매일 그저 허둥지둥 열심히 일하는 것만으로는 충분하지 않다는 사실을, 그리고 머뭇거리기엔 너무나 짧은 인생이라는 사실을 빨리 인식도록 하기 위해서다. 일의 노예가 되어 피곤하고 고된 직장인의 삶을 살지 말고, 일의 주인이 되어 즐겁고 행복한 삶을 살기를 간절히 바라는 마음에서다.

부족한 나에게 늘 격려와 용기를 준 많은 분들에게 고맙고 감사하는 마음으로 이 책을 집필했다. 즐겁고 행복한 직장생활의 한 방식이 되었으면 하는 바람을 가져본다.

2019년 여름에

김창호

일하는 재미와 열정의 근원을 찾아서!

요즘 어디를 가나 열심히 일하는 직장인들의 모습을 본다. 남보다 조금이라도 앞서지 않으면 언제 조직의 뒷전으로 내몰릴지 모르기 때문이다. 계속되고 있는 인력감축으로 업무범위는 넓어져 매일 처리해야 할 많은 일들과 넘치는 정보 때문에 스트레스를 받는다. 나름의 새로운 방안들을 생각해 볼 겨를도 없이 더욱 쫓기는 느낌을 받으면서 괴롭고 바쁜 일상생활이 연속된다. 그리고 몸담고 있는 직장은 보이지 않는 치열한 경쟁과 투쟁의 싸움판이 되고 있어 늘 긴장되고 피곤하다. 매일 출근을 해서도 괴롭고 불안한 기분으로 그저 허둥지둥 정신없이 열심히 일한다. 쉽게 말해 먹고살기 위해서 어쩔 수 없이 열심히 일하는 척하는 직장인들이라고나 할까?

하지만 나름대로 열심히 일을 하는데도 불구하고 어느 날 갑자기 교체멤버 대상이 되어 조직의 뒷전으로 밀려나가기도 한다. 자신에게 주어진 일만 열심히 한다고 해서 안심할 수도 없는 위기의 직장에서 불안한 삶을 살아가고 있는 것이다.

내일도 이런 재미없는 일을 하게 될 것이다.
모레도 이런 재미없는 일은 계속될 것이다.
이런 재미없는 일을 하다가 그만 퇴직할 것이다.

참으로 슬픈 요즘 직장인들의 생활상이다. 결코 '하고 싶어서 하는' 즐거운 일의 열정이 아니요, 행복한 삶이라고 할 수가 없다. 매일 괴로운 마음으로 어쩔 수 없이 직장에 나가서 늘 하던 대로 일하기에 바쁜 다람쥐 쳇바퀴식의 직장생활이라면, 하던 일 잠깐 멈추고 한 번 깊이 생각해 볼 중대 사안일 것이다. 생의 절반인 직장생활을 헛되게 보낸다면 공허한 삶이 될 수도 있다. 나는 이런 직장인을 재미없이 열심히 일하는 부지런한 게으름뱅이라고 부른다. 게으름뱅이의 기준을 단순한 활동량이 아니라 일하는 재미에서 나오는 진정한 열정과 노력의 결과인 의미 있는 가치창조에 두기 때문이다. 열심히 일하는 것은 반드시 필요하지만 그것이 조직번영과 행복한 삶의 충분조건이 될 수는 없다. 괴롭고 바쁜 일상의 굴레에서 빨리 벗어나 일하는 재미와 열정의 근원적인 요소들을 찾아보고 더욱 높여야 할 당위성이 여기에 있다.

그래서 그동안 다양한 직업에 종사하는 직장인들을 대상으로 명품(남다른 성과물) 창출의 선행요소인 그들의 태도와 행동들을 유심히 관찰해 왔다. 이번에 발간하는 이 책은 직장인이 어떨 때 일하는 재미와 열정이 일어나며 지속이 되는지, 또 어떻게 더 높일 수 있는지에 대해서 나름대로 조사, 연구한 내용들을 정리해 본 것이다. 일하는 재미와 열정에 영향을 주는 요소들을 외부(제도, 리더십 등)가 아니라 개인 자신의 내부(일하는 동기, 일하는 자세. 일하는 방식)에서 찾는 데 초점을 두었다.

이 책은 직장인들에게 괴롭고 피곤한 일상의 굴레에서 벗어나는 길을 안내한다. 일할 맛, 살맛나는 진정으로 행복한 직장생활을 원한다면 그 길을 한번 걸어가 봐야 하지 않겠는가?

Contents

 일, 왜 즐겁게 해야 하는가

1부/

일,
왜 즐겁게
해야 하는가

일을 어떻게 하면 남보다 더 잘할 수 있을 것인가.

일하는 방법에 골몰하기에 앞서, 내가 왜 이 일을 하고 있는가 하는 동기에 대한 깊은 성찰과 인식이 먼저 있어야 한다. 그것이 진정한 일의 즐거움에서 나오는 열정과 행복한 삶의 근원이 되기 때문이다. 하지만 이 순서가 바르지 못한 상태에서 일을 하는 직장인들이 많다. 조직 속에서의 일들이 자신의 삶의 목적과 가치관에 정확히 연결되지 않은 채 그저 허둥지둥 일할 뿐이다. 이른바 매일 재미없이 일하는 부지런한 게으름뱅이다.

어떨 때 진정으로 일하는 재미와 열정이 일어나게 되는 것일까?

1 | 일의 주인이 되어라
- 일이 놀이처럼 즐거워진다

일의 주인이 되어 일 자체의 가치실현을 위해서 스스로 열심히 일하는 직장인이 있는가 하면, 일의 노예가 되어 어떤 외재적인 보상획득을 위해 어쩔 수 없이 열심히 일하는 직장인도 있다. 둘 다 겉으론 열심히 일을 하고 있는 것 같아도 속내를 들여다보면 일하는 재미와 열정의 강도에 큰 차이가 있다. 일의 주인이 될 때 일이 놀이처럼 즐겁고 재미가 있다. 진정한 열정도 여기서 나오는 법이다.

우리는 똑같은 장소에서 똑같은 일을 하면서도 태도와 행동에 차이가 나는 경우를 많이 본다. 일이 재미가 있어서 하고 싶어서 열심히 일하는 사람이 있는가 하면 일이 재미가 없어서 어쩔 수 없이 일하는 사람도 있다.

서울 S병원의 임 간호사는 요즘 아픈 암환자들을 돌보느라 매일 바쁜 하루를 보낸다. 비록 몸은 괴롭고 힘들지만 맡은 간호직무에 큰 보람을 가지고 즐거운 마음으로 열심히 일한다. 직무수행의 충실성 여부가 환자의 건강 회복에 크게 영향을 미친다는 사실을 깊이 인식하고 늘 밝은 표정으로 정성껏 간호한다. 담당 의사가 처방을 지시한 기술적인 업무(주사, 약물투입 등)를 차질 없이 수행함은 물론이고 그 반응 상태를 면밀히 체크한다. 그 외에 환자의 불안한 정서 상태까지도 파악하면서 열정적으로 일한다. 그들이 안고 있는 고민 사항들을 주의 깊게 듣고 안심시키면서 생에 자신감을 갖도록 하기 위해서다.

임 간호사는 간호사이면서 환자의 인생 멘토이자 삶의 코치다. 그러니 자연히 환자와의 대화 시간도 많아지게 되어 더욱 바쁘다. 이러한 일들은 통상적인 간호사의 업무가 아니며 급여에도 크게 영향을 주지 않는다. 그러나 그녀는 늘 수행하는 기술적인 간호업무와 함께 반드시 해야 할 가치 있는 일로 여기며 즐겁게 일한다. 환자의 정신건강을 돌봐서 쾌유를 앞당길 수 있기 때문이다.

하지만 같은 병원의 김 간호사의 하루 일과는 그 반대다. 다른 동료들보다 더 많은 돈을 벌어 결혼도 하고 재정적인 풍요를 누리기 위해서 나름의 목표를 세워 매일 열심히 일한다. 항상 바빠서 환자와 대화할 시간도 가질 수가 없고 표정도 늘 밝지를 못하고 피곤함을 느낀다. 어쩔 수 없이 열심히 일을 하지만 다람쥐 쳇바퀴식의 간호직무 수행에 싫증을 느낄 때도 자주 있다.

출퇴근 시간, 업무처리 등 직무규정에 정해진 사항만은 철저하게 지키는 퍽 사무적인 간호사다. 담당 의사의 지시대로 필요한 약물과 처치 등을 정해진 시간에 투입하는 행위만을 열심히 반복하는 것에 만족한다. 간혹 환자가 불편함을 이야기해도 자신도 모르게 사무적인 태도로 응대를 하는 경우가 많다. 환자의 아픔을 자신의 아픔같이 여기지 않는 다소 자기중심적인 간호사다.

두 직장인은 똑같은 병원에서 똑같은 간호직무를 바쁘게 수행하고 있지만 일하는 재미와 열정의 강도는 크게 다르다. 여러 가지 요인을 생각할 수 있겠으나 그 가장 큰 이유는 일을 보는 태도, 즉 일하는 동기다. 일하는 궁극적인 목적을 일 자체의 가치실현(환자의 건강 회복, 직원 근무 의욕 고취, 고객가치 증대, 조직 경쟁력 제고 등)을 통한 성취욕구에 더 두고 있는가, 아니면 어떤 외재적인 보상(급여와 보너스, 승진과 지위, 명예와 권력 등)획득을 통한 자신의 욕망 충족에 더 두고 있는가라는 관점이다.

전자의 경우는 자기 자신이 일의 주인이지만 후자의 경우는 어떤 외재적인 보상이 주인이고 자신은 그것의 노예가 된다. 그래서 일의 주인(master)과 노예(slave)라는 두 용어가 의미하는 바대로 전자는 하고 싶어서 하는 즐거운 일이요, 후자는 어쩔 수 없이 하는 괴롭고 고된 일(노동)이 된다. 두 부류 모두가 겉으론 열심히 일을 하고 있는 것 같아도 속내를 들여다보면 일하는 재미와 열정의 강도에 큰 차이가 있게 된다.

임 간호사는 일의 주인이 되어 간호직무 자체의 소중한 의미를 스스로 깊이 인식한다. 그래서 그 실현을 위해 보람을 가지고, 하고 싶어서 열심히 일하는 슈퍼 직장인으로 알려져 있다. 일을 단지 돈을 벌기 위한 수단으로 보고 일의 노예가 되어 어쩔 수 없이 열심히 일하는 척하는 '그저 그런' 봉급쟁이 직장인 김 간호사와는 크게 다르다. 환자에게 기쁨과 행복감을 안겨주는 간호직무 자체의 가치실현(환자의 건강 회복)이 매일 열심히 일하는 주된 동기요, 그 성취감을 가장 큰 보상으로 여긴다.

일의 주인이 될 때 일이 재미가 있다. 하고 싶어서 하는 진정한 일의 열정도 여기에서 나온다. 일의 주인이 되는 것이 일하는 재미와 열정의 근원이기 때문이다.

안토니 가우디와
벽돌공

일하는 동기와 태도를 이해하는 데 자주 인용되는 적합한 사례가 하나 있다.

스페인 바르셀로나의 유명한 천재 건축가 안토니 가우디와 벽돌공들과의 이야기다. 안토니 가우디는 어느 날 뙤약볕에서 땀을 뻘뻘 흘리며 열심히 일하는 벽돌공들을 보고 퍽 흥미로운 의문을 갖게 된다. 똑같은 장소에서 똑같은 일을 하면서도 그들의 표정과 일하는 태도가 각각 달랐기 때문이다. 가우디는 먼저 무덤덤한 표정으로 열심히 일하고 있는 한 벽돌공에게 물었다.

"당신은 지금 무엇을 하고 있습니까?"

그러자 벽돌공이 대답했다.

"몰라서 물어요? 목구멍이 포도청이라 돈을 벌기 위해 열심히 벽돌을 쌓고 있지요."

그 벽돌공은 일을 오로지 돈을 버는 수단으로만 여기는 태도였다.

또 한 벽돌공은 유난히 인상을 찌푸리고 무언가 쫓기는 듯 나름대로 열심히 일을 하고 있었다. 그에게도 똑같은 질문을 던졌다. 그는 바쁜데 귀찮다는 표정으로 매우 퉁명스럽게 "보면 모르요? 이렇게 벽돌을 열심히 쌓고 있지 않습니까?"라고 대답했다. 뭔가 다소 불만스러운 태도였다. 자신이 원하는 어떤 외재적인 보상을 남보다 좀 더 많이 획득하기 위해서 열심히 일하는 것 같이 보였다.

첫째 벽돌공과는 다소 차이가 있지만 둘 다 일을 하는 동기가 자신의 어떤 욕망을 채우기 위한 것이었다. 즉 일의 주인은 돈이나 다른 어떤 외재적 보상이고 자신은 일의 노예였다. 일의 노예가 되어 일하는 재미와 열정이 없는 그저 그런 봉급쟁이 직장인, S병원 김 간호사의 태도나 행동과 같다.

그런데 어느 한 벽돌공의 표정과 태도는 매우 달랐다. 무엇이 좋은지 활짝 웃는 얼굴로 즐겁게 열심히 일하고 있었다. 똑같은 질문을 받은 그는 "저는 지금 세상에서 가장 아름다운 성당을 짓고 있습니다."라고 확신에 찬 소리로 대답했다. 그에게는 최고의 벽돌공이 되어서 역사에 길이 남을 세계 최고의 명품성당을 짓겠다는 나름의 의미 있는 꿈이 있었다. 앞의 두 벽돌공과는 삶의 지향점, 즉 이루고자 하는 꿈이 매우 달랐다. 그리고 그 의미 있는 꿈이 장차 실현되었을 때의 기쁨을 이미 만끽하고 있었던 것이다. 단순한 즐거움이 아니라 마음 깊숙한 곳에서 나오는 희열喜悅이었다.

그 벽돌공은 일하는 동기를 일 자체의 가치실현에 더 큰 비중을 두고서 일에 열정을 쏟고 있었다. 나름의 의미 있는 꿈을 실현하기 위해 조직 속에서 자신의 역할과 존재가치를 깊이 인식하고, 하고 싶어서 열심히 일하는 일의 주인이었다. 일의 주인이 되어 일하는 재미와 열정을 가진 슈퍼 직장인, S병원 임 간호사의 태도나 행동과 같다.

이와 같이 똑같은 장소에서 똑같은 일을 하더라도 일을 보는 태도, 즉 일하는 동기를 어디에 더 두는가가 중요하다. 곧 일 자체의 가치실현인가, 혹은 외재적 보상획득인가에 따라서 일하는 재미와 열정의 강도, 그 성과와 만족감에 크게 차이가 나는 경우는 어느 직업이나 직무에서도 일어날 수가 있다.

일의 주인이 될 때
일이 재미있는 이유

S병원의 임 간호사와 같이 일의 주인은 외재적인 보상보다 일 자체의 가치실현에 더 우선순위를 둔다. 달리 표현하면 조직 속에서 자신이 맡은 직무가 이기심을 뛰어넘어 더 큰 어떤 존재에 기여하는 의미 있는 일임을 스스로 깊이 인식하는 것이다. 그런데 왜 일의 주인이 되면 일하는 재미와 열정이 크게 일어나게 되는 것일까? S병원의 임 간호사는 왜 매일 바쁘고 고된 간호직무에도 즐겁게 열정적으로 일하는 것일까? 나는 이 물음의 논거들을 토대로 그 해답을 찾는 데 크게 관심을 가졌다. 그리고 일의 주인이 되어 즐겁게 열심히 일하는 슈퍼 직장인들을 유심히 관찰해 왔다. 일할 맛, 살맛나는 행복한 직장생활을 원한다면 이 물음을 풀어보는 데에서부터 시작되어야 할 것이기 때문이다.

일의 주인이란 개념 자체에서 그 이유를 크게 두 가지 측면에서 찾아볼 수 있다.

하나는 일의 주인은 맡은 직무(일)의 의미를 스스로 찾아서 인식하기 때문이다. 누가 의미 있게 하는 것도 아니요, 어떤 외부의 억압에 의해서 생겨서도 진정한 의미라고 볼 수가 없다. 인간은 원래 의미추구 욕구를 갖고 있어 자기 자신이 의미를 부여한다. 이럴 경우 일 자체의 가치와 자신의 삶의 추구가치가 어떤 근접(혹은 합치) 상태를 이루어 진정한 일의 즐거움이 일어날 수 있게 된다. 이것이 일의 주인이 될 때 일이 재미있는 첫 번째 이유다.

또 하나는 일의 주인은 조직 속에서 자신이 맡은 직무수행의 목적을 타인 지향적인 가치실현에 두기 때문이다. 즉 자신의 한없는 욕망이 아닌 기여와 공헌의식이다. 인간은 원래 타인들과의 관계 욕구를 갖고 있어 직무의 소중한 의미는 더 큰 존재와의 관계 속에서 발견될 수가 있다. 때문에 자신이 맡은 직무가 조직의 번영과 타인의 행복에 공헌한다는 소중한 의미를 스스로 발견할 경우에 그 일은 진정한 즐거움과 행복의 원천으로 작용할 수 있는 것이다. 이것이 일의 주인이 될 때 일이 재미있는 두 번째 이유다.

일의 주인이 되어라,
더 열정적, 창조적이 된다

맡은 직무의 소중한 의미 인식을 통해 일의 주인

이 되면 크게 두 가지 행동 변화가 일어나게 된다. 의미 인식은 그 자체에 머물지 않고 좀 더 전향적인 행동으로 나아가게 하는 위력을 갖기 때문이다.

그 하나는 일의 노예 상태에서보다도 더욱 열정(몰입)적인 행동이 될 가능성이 높다. 그것은 맡은 직무의 소중한 의미 인식을 통해 나타나는 즐거움 때문이다. 이때의 즐거움은 단순한 기쁨이 아닌 희열喜悅이다. 자신의 맡은 직무의 가치와 의미 추구적인 삶의 가치가 연결되어 나타나는 이루 말할 수 없는 무한한 즐거움이다.

그리고 맡은 직무수행의 동기와 의미의 비중을 일 자체의 가치 실현과 성취감에 더 크게 두게 된다. 때문에 어떤 외재적인 보상의 대소에는 크게 영향을 받지 않고 즐거운 열정이 유지될 수가 있다. 그래서 자신의 직무수행과 관련된 타인의 일에도 똑같은 관여도와 열정을 갖는다. 자신의 업적과 급여에 관련이 없는 일들을 스스로 찾아 수행하거나, 규정에 정해진 일과日課 이외의 시간에도 맡은 직무수행과 관련된 사항들에 깊은 관심을 갖고 노력하게 된다.

때문에 항상 '일하는 재미(즐거움)'에는 '열정'이란 단어가 함께 사용이 된다. 일하는 재미와 열정은 완전한 인과관계로, 일이 재미가 있으면 반드시 열정이 일어나게 된다는 뜻이다. 이것이 일의 주인이 되어 일에 재미를 느끼면 나타나는 첫 번째 행동 변화다.

또 하나는 일의 노예 상태에서보다도 더욱 가치창조적인 행동을 할 가능성이 높다. 그것은 일하는 동기를 자신의 에고를 뛰어넘어 조직 번영과 타인들의 행복에 더 큰 비중을 두기 때문이다. 한마디로 조직 속에서 자신이 맡은 직무를 단순한 일로 보지 않는다는 뜻이다. 따라서 타인지향적인 가치관을 가진 사람은 의미 있는 가치를 만들어 내어야만 한다는 의무감이 강해 더 광범위한 창조적 직무수행이 일어나게 된다. 즉 조직 내에 많은 타인들과의 관계를 새롭게 형성하고 이를 통해 맡은 직무의 가치를 색다르게 창조해 나가는 의미 탐구적인 행동이 될 가능성이 매우 높아진다. 이것이 일의 주인이 되어 일이 재미가 있게 되면 일어나는 두 번째 행동 변화다.

이러한 두 가지 행동 변화는 자연히 보다 높은 가시적인 성과를 창출해서 몸담고 있는 조직에 기여하게 되고, 또 일 자체의 성취감을 맛봄으로써 직무 및 삶의 만족도도 높아진다. 일할 맛(일하는 재미), 살맛(사는 재미)나는 즐겁고 행복한 직장생활을 영위할 수가 있는 것이다. 맡은 직무의 의미 인식을 통해 반드시 일의 주인이 되어야 하는 당위성이 여기에 있다. 일을 보는 태도만 바꾸면 되는 문제이다.

일이 반드시
재미있어야 하는 이유

일이란 원래 괴로운 것인가, 즐거운 것인가? 괴로운 것이라면 왜 그런가? 그렇다면 즐겁고 재미있는 일, 삶에 행복을 안겨주는 일이 되도록 할 수는 없는가?

나는 오래전부터 일을 둘러싼 이러한 의문들을 풀어보고 그 해답을 찾는 데 크게 흥미를 가져왔다. 직장인이라면 제일 먼저 해결해야 할 과제가 될 수 있기 때문이다. 그래서 "왜 일이 반드시 즐겁고 재미가 있어야만 하는가?"라는 의문에서부터 생각해 보기 시작했다.

일은 분명히 하기 싫은 것에 속한다. 학생들은 공부하는 것보다 게임을 좋아하고, 직장인들도 조직 속에서 일하는 것보다 휴일에 하는 골프나 바둑을 더 좋아한다. 수요일쯤만 되면 주말이 기다려지는 것을 볼 때, 일이 하기 싫고 괴로운 것임은 틀림없어 보인다. 하지만 여기에서 한번 깊이 짚어봐야 할 점이 있다. 일이 직장인들의 행복한 삶에 반드시 중요한 역할을 해야만 한다는 사실이다. 대부분의 직장인이 인생의 절반을 그 괴로운 일과 더불어 생활하므로 일에서 즐거움과 행복을 찾아야만 한다.

어느 정도의 사회적 활동이 가능한 건강나이 80세와 조직 속에서의 경제적인 활동 나이 70세를 기준으로 할 때, 대략 일을 통한 경제활동 기간이 40년(30세에서 70세까지)이고, 비경제활동 기간이 40년(1세에서 30세까지 + 70세에서 80세까지)으로 인생의 절반이 일과의 삶이라는 계산이 나온다. 그리고 하루 생활 중에서 수면시간(8시간)을 제외하면 하루 생활의 절반도 직장에서 보낸다고 할 수 있다.

직장인들은 싫든 좋든 일과 더불어, 조직과 더불어, 그리고 조직 내에 많은 사람들과 더불어 살아가야만 하는 존재다. 때문에 그 괴로운 일이 반드시 재미가 있고 의미 있는 일이 되지 않으면 결코 행복한 삶이 될 수가 없는 것이다. 빤히 알고 있는 사실이지만 아는 것과 실천하는 것은 다른 차원이다.

재미없이 일하는
일벌레 한국 직장인들

얼마 전에 경부고속도로에서 대형버스 사고가 발생했다. 운전기사의 과로로 인한 졸음운전이 사고의 원인이었다. 하루 16시간씩 며칠간 계속했으니 자신도 모르게 깜빡 졸았던 모양이다. 그런데 과로로 인한 졸음사고가 이러한 경우뿐이겠는가? 야근을 하고 늦게 퇴근해서 다음 날 아침 일찍 출근한 직장인들도 근무 중에 졸게 된다면, 이것 또한 졸음 업무 사고가 될 가능성이 매우 높다.

재택근무 시대를 맞고 있는 지금도 우리나라 직장인들의 야근 업무는 계속 존재하고 있다는 통계가 많다. 연간 근로시간이 2052시간(2016년 기준)으로 과거보다 크게 줄어들고 있지만 여전히 OECD 가입국 중 2위다. 특히 국가 경제성장이 활발하게 일어났던 80년대에는 직장인들의 야근이 잦았다. 야근을 한 다음 날 직장에서 졸게 되는 것은 어쩔 수 없는 생리적 현상이다. 문제는 그로 인해 발생하게 되는 부정적인 영향이다. 업무 생산성이 떨어져 상사로부터 지적을 받거나 야단을 맞게 되는 것, 간혹 업무상 실수를 범해 조직에 큰 손해를 초래하게 되는 것, 또 밀린 업무를 처리하기 위해서 다시 야근을 하거나 주말에도 출근해서 일을 해야 하는 피곤한 생활이 반복되는 것 등이다.

이런 측면에서 볼 때 야근으로 인한 직장인의 졸음 업무나 과로로 인한 대형버스 기사의 졸음운전이나 다를 바가 없다. 결코 일이 즐거울 수가 없고 행복할 수 없는 일벌레 한국 직장인들의 생활상이다. 오래전부터 서양 사람들은 이러한 초인적인 근로의식을 가진 한국 사람들을 워커홀릭(일벌레 혹은 일중독자)이라고 부른다. 도대체 일은 왜 하고 왜 사는 건지, 정말로 이상한 한국 직장인들이라고 말한다. 일하는 재미와 열정이 없이 그저 허둥지둥 어쩔수 없이 일하는 척하는 일의 노예들이라고 할 수 있다. 일의 주인이 될 때만이 일이 재미가 있는 법이다.

왜 놀이는 재미있고
일은 재미없을까?

골프는 매 타수의 결과에 대해 자신의 정직성을 스스로 들여다보게 하는 의미 있는 스포츠다. 자기 자신이 선수요, 심판이다. 그래서 나는 골프가 매 타, 매 홀미다 자신의 지난 자세와 행동에 대해 스스로 점검하고 평가해서 점수를 매기는데 매력을 느낀다. 한편 직장인에게는 주말의 골프가 운동도 되지만 즐기는 놀이도 된다. 그래서 한때 골프와 연계시켜 즐기는 몇 가지 놀이에 빠진 적도 있었다. 이른바 직장인의 스트레스 해소 3종 놀이 세트다. 주말에 취미가 같은 친구나 직장 동료들과 한 조를 만들어 즐기는 골프, 오찬 후에 연이어서 즐기는 바둑, 저녁까지 먹으면서 밤늦도록 즐기는 고스톱. 그런데 이상하게도 피곤하지 않고 참 재미가 있다.

왜 놀이(골프, 바둑, 고스톱)로 지새운 밤은 지치지 않고 마냥 재미가 있어 몰입하고, 몸담고 있는 조직이 부여한 일로 지새운 밤(야근)은 피곤하고 괴로운 것일까? 나는 이 물음에 대한 답에 크게 주목한다. 놀이는 개인 자신이 스스로 놀이의 의미(나름의 가치)를 찾아 '하고 싶어서 하는' 행동이지만, 조직에서의 일(직무)은 통상 어떤 외부적인 요소에 이끌려서 일 자체의 소중한 의미를 스스로 찾지 못하고 '어쩔 수 없이 하는' 행동이다. 전자는 자신이 놀이의 주인 상태에 있으나, 후자는 일의 노예 상태에 있다는 뜻으로 직장인이라면 한번 깊이 생각해 봐야할 중요한 포인트라 생각한다. 누구나 이해는 하면서도 그 실천이 잘 안 된다. 단지 일을 보는 태도만 바꾸면 충분히 가능한 문제인데도……

뭐든지 스스로 해야
재미가 있다

자신이 몸담고 있는 조직 속에서의 일이 즐겁고 재미가 있으려면 놀이와 같이 일의 주인이 되어야 한다. 그것은 맡은 직무에 대해서 나름의 소중한 의미를 스스로 찾거나, 찾도록 하는 노력이다. S병원의 임 간호사는 한 생명을 사랑하고 건강한 삶을 빨리 되찾게 만드는 간호직무의 소중한 의미를 깊이 인식하고 매일 즐겁게 일한다. 누가 의미를 갖게 한 것이 아니라 스스로 찾아 인식한 것이다. 규정에 정해져 있지도 않고 자신의 업적이나 급여와도 직접 관련성이 없는 일들까지 스스로 찾아서 수행하는 일의 주인이다.

하지만 통상 조직 구성원 개인 자신의 일을 보는 태도와는 상관없이 조직차원에서 일방적으로 의미 있는 일을 경험하도록 강요하는 방식은 인위적으로 일의 의미가 형성되므로 개인의 자율성과 창의성이 억압될 수 있다는 문제점을 갖게 된다. 이럴 때에는 일의 노예가 되어 어쩔 수 없이 일하게 되는 수동적인 자세가 될 수밖에 없는 것이다.

따라서 진정한 일의 의미는 일에 대한 개인 자신의 생각이나 태도에 의해 형성되어야 하는 것이다. 우리는 자기 스스로 결정해서 수행하는 일이라면 아무리 어려운 일이라도 마다하지 않고 적극적이지만, 남이 시켰거나 어떤 외부의 억압적인 요소 때문에 어쩔 수 없이 하는 일이라면 좀처럼 신바람이 나지 않는 경우를 많이 경험하게 된다. 자율성(혹은 자발성)이란 식욕과 같이 인간의 강력한 욕구이기 때문이다. 뭐든지 스스로 해야 재미있는 법이다.

왜 일하기 싫은 마음이
생기는가?

　　　　　S병원의 김 간호사는 오로지 돈을 벌기 위해 일의 노예가 되어 어쩔 수 없이 일하는 그저 그런 봉급쟁이 직장인이다. 일의 주인이 되어 일이 재미가 있어서 하고 싶어서 열심히 일하는 슈퍼 직장인, 임 간호사와는 일하는 동기의 초점이 정반대다.

　그런데 일을 하는 이유가 오직 어떤 외재적인 보상을 얻기 위한 수단으로만 여길 땐, 큰 문제가 하나 발생하게 된다. 일이 진정으로 즐겁지 않고 언젠가는 일하기 싫어지게 된다는 사실이다. 일 자체의 가치실현이 목적이 되는 것이 아니고 오로지 일의 결과로 얻어지는 어떤 외재적인 보상만이 중요해지면, 일은 그야말로 '어쩔 수 없이 하는' 고된 노동이 되고 만다는 것이다. 쉽게 말해 자신이 기대한 보상이 그 수준에 미치지 못한다고 느끼게 되면(대부분 갖게 되는 심리적 현상) 일에 대한 열정이 곧바로 약해지면서 일하기 싫은 마음이 생기게 된다.

　그것은 인간의 한없는 욕망이 원인이기도 하지만, 더 큰 이유는 일의 노예 상태에 놓이는 수동적 태도와 행동으로 인해 조직 속에서 일을 통한 자신의 존재가치를 스스로 느낄 수가 없기 때문이다. 이것이 항상 일이 즐겁지 못하고 수시로 일하기 싫을 때가 생기는 이유다. 누구나 조직 속에서 가치 있는 존재이기를 원한다. 쓸모없게 되는 것을 아주 싫어한다. 어떤 외재적인 보상획득도 필요하지만 그것이 일하는 재미와 열정을 드높이는 충분조건이 될 수는 없는 것이다.

의미 있는 일과 그저 그런 일,
어떤 일을 할 것인가?

조직 속에서 일을 하는 이유를 개인 자신보다 더 높은 의미에 두는 경우가 있다. 자신의 일이 몸담고 있는 조직 사회를 번영케 하며, 많은 사람들을 이롭게 하고 행복감을 안겨주기 때문에 일하는 것이다. 맡은 일 자체의 의미 있는 가치실현에 더 큰 관심을 갖는다. 바로 일 자체의 가치실현이 보상이라는 인식이다.

S병원의 임 간호사는 일의 의미와 보람을 아프고 병든 환자들의 건강을 되찾게 하여 기쁨과 행복감을 갖게 하는 데 두고 있다. 이것이 매일 격무 속에서도 열심히 일하는 주된 동기다. 일의 노예가 되어 오로지 어떤 외재적인 보상만을 얻기 위한 수단으로 여기는 '그저 그런' 봉급쟁이 김 간호사와는 명확히 구별된다.

우리는 다양한 직장에서 맡은 직무자체의 가치를 실현하기 위해서 직무소명감(혹은 사명감)을 갖고 매일 즐겁게, 그리고 열정적으로 일하는 슈퍼 직장인들을 간혹 볼 수 있다. 자신의 맡은 직무가 몸담고 있는 조직사회 발전에 기여하는 의미 있는 일이라는 강한 신념으로 일을 단순히 어떤 외재적인 보상의 대상으로만 보지 않고 일 자체의 더 높은 의미(가치)를 추구하는 자세를 갖는다. 어떤 직업이나 직무도 그 자체가 지닌 가치와 의미가 있다.

　그들은 혹 다른 일을 하면 당장은 더 많은 돈을 벌고 높은 지위와 권력을 얻을 수도 있겠지만 그것보다는 더 높은 의미를 찾을 수 있는 그 일이 더 좋은 것이다. 이와 같이 일하는 목적과 가치를 자신의 지나친 이기심에서 벗어나 좀 더 높은 곳에 두게 되면 어쩔 수 없이 하는 고된 노동이 아니라 오히려 일의 주인이 되어서 하고 싶어서 하는 즐거운 일이 될 수가 있는 것이다.

　그 결과 더 열정적이고 더 가치 창조적인 행동이 되어 상대적으로 관심의 정도가 낮았던 외재적인 보상도 자연히 더 많이 얻게 된다. 이런 경험을 자주 하게 되면 어떤 상황에서도 일하는 재미와 열정의 강도는 결코 약해지지 않는다. 이것은 일의 주인인 현장 슈퍼 직장인들의 태도와 행동에서 찾아낸 공통적인 속성으로 자신에게 주어진 '의미 있는 그 일'이 더 좋은 이유이자, 더 높은 의미 추구의 결과라고 할 수 있다. 하지만 통상 일의 노예가 되어 이 사실을 보지 못하고 매일 재미없이 열심히 일하는 '그저 그런' 봉급쟁이 직장인들이 많다. 어떤 외재적인 보상에만 너무 눈이 멀면 경험하기가 어려운 법이다.

의미 있는
삶의 흔적 탐구

　　　　　우리는 일하는 동기를 자신의 이기심을 뛰어넘어 더 높은 곳에 의미를 두고 일하는 재미와 열정으로 이를 실현한 사람들로부터 많은 것을 배운다. 나는 그중 대표적인 사례로 과거 포스코의 창업 및 초기 건설요원들을 꼽는다. 오로지 한평생을 '제철보국(철을 만들어 국가발전에 이바지 하겠다는 과거 포스코의 조직비전)'의 일념으로 의미 있는 삶을 살아왔기 때문이다. 꽤 오래 조사 수집한 수많은 사료史料들을 기초로 그들의 의미 있는 삶의 흔적을 살펴보았다.

　1960년대 당시 일관제철소 건설은 대한민국의 역사를 다시 쓰는 국가적 과업이었다. 과거 정부가 수차례 시도를 했으나 실패만을 거듭한 국가의 오랜 숙원사업이었다. 잘 사는 나라를 만들기 위해 누군가는 반드시 해야만 하는 모두의 염원이었다. 하지만 결코 쉽지 않은 일이었다. 그 과업에 창업 및 건설요원들이 목숨을 걸었던 것이다. 당시 모든 사람들이 무모한 도전이라고 핀잔을 주었고, 가고자 하는 길목마다 수많은 어려움들이 그들의 길을 가로막았다. 그러나 결코 절망하거나 포기하지 않았다. 그들은 외부의 어떤 유혹에도 흔들리지 않고 모두가 일의 주인이 되어 한뜻, 한마음으로 신들린 사람들처럼 꿋꿋하게 일만 했다. 완전히 철에 미친 사람들이 되어 버린 것이다. 혼연일체가 되어 불철주야 뛰고 또 뛰었다.

먹고 살기 위해서 어쩔 수 없이 일하는 그저 그런 봉급쟁이 직장인들이 아니라, 일 자체의 가치실현을 위해서 진정으로 하고 싶어서 열심히 일하는 슈퍼 직장인들이었다. 마침내 세계에서 가장 경쟁력 있는 일관제철소 건설을 완성함으로써 그토록 모두가 간절히 염원했던 제철보국의 비전을 실현한 것이다. 조직 구성원 모두가 일의 주인이 되어 전후 폐허의 이 땅에 세계 최고의 명품제철소를 창조했다. 그칠 줄 모르는 일하는 재미와 열정으로 무에서 유를 창조해 낸 역사였던 것이다. 그들은 퇴직 후 지금도 자신들이 이루어 낸 이 위대한 국가 백년대계의 창조물을 두고 크게 행복해 하고 있다.

이렇듯 포스코의 성장 역사는 특이하다. 너무나 비범하고 큰 성취의 역사였기에 좀 더 깊이 들여다 볼 필요가 있는 흥미로운 연구과제들이 꼬리를 물고 일어나게 된다. 그들은 자신에게 주어진 회사의 일들이 정말로 재미가 있어서 밤낮으로 뛰었던 것일까? 불가능을 가능으로 바꾼 그 초월적 에너지와 그칠 줄 모르는 일하는 재미와 열정은 어디에서 나온 것이었을까? 그리고 만약에 당시 수많은 어려움들을 극복하지 못하고 실패의 역사로 끝나버렸다면 우리나라는 어떻게 되었을까?

그래서 나는 몇 년 전 그들의 성장 역사 관련 자료들을 정리한 후에 학문적인 가치가 있는 요소들을 발굴해서 그들 고유의 창조 경영 모델을 만들고 실천 가능한 교육프로그램을 개발하기도 했다. 모처럼 참 재미있고 즐거운 일을 하게 되었다. 별로 관심을 가져주는 사람들이 없지만 그들의 의미 있는 삶의 흔적들이야말로 후손들에게 물려줄 백년대계의 자산이라는 생각으로 보람을 갖고 열정적으로 일했다. 모두가 일의 주인이 되어서 일하는 재미와 열정으로 이루어낸 독특한 창조경영 모델이야말로 유형의 제철소보다도 내용 연수가 더 길고 귀중한 가치를 지닌 자산이라는 생각이 들었기 때문이다. 파묻혀 있는 무형자산들에서 의미 있는 가치를 찾을 때도 일하는 재미와 열정이 크게 일어남을 경험할 수 있었다.

일등 지향의 삶에서
일류 지향의 삶으로

　　　　　S병원의 임 간호사는 매일 바쁜 시간을 보내고 있지만 늘 밝은 표정으로 일한다. 그것은 의사와 동료 간호사들과의 직장생활이 즐겁고, 환자와의 병원생활이 행복하기 때문이다. 병들어 아픈 사람들에게 건강과 행복을 안겨 주는 간호직무에 큰 보람을 갖는다. 자신이 맡은 간호직무의 소중한 의미를 깊이 인식하고 명성 높은 간호사가 되기 위해서 매일 열심히 일한다. 남보다 더 많은 돈과 지위를 쟁취하기 위해서 매일 허둥지둥 열심히 일하

는 '그저 그런' 봉급쟁이 직장인과는 일과 삶의 품질이 크게 다르다.

우리는 직장인들의 삶을 자신이 추구하는 가치관의 내용과 그 실현방식 측면에서 일등 지향의 삶과 일류 지향의 삶으로 구분해서 볼 수가 있다. 등等은 순위나 경쟁의 외양적 의미를, 류類는 위치나 부류의 질적 가치를 나타내는 말로 개념상 큰 차이가 있다. 자연히 등 지향과 류 지향의 삶의 방식이나 그 결과도 크게 상반된다. 전자는 겉으론 화려하지만 지나친 이기심으로 일의 노예가 되기 쉽고, 후자는 겉으론 소박하지만 자신보다 더 큰 어떤 존재의 번영과 행복을 추구하는 삶으로 일의 주인이 될 수가 있다. 때문에 전자는 고약한 악취를 풍기는 천박한 사람으로 주변에 접근하는 사람들이 적고 떠나간 뒤에는 미움과 비난을 받지만, 후자는 은은한 향기를 내뿜는 품격 높은 사람으로 늘 많은 사람들이 찾아들고 떠나간 뒤에도 오래 기억되면서 사랑과 존경을 받는다.

나름대로 열심히 일해서 상사로부터 인정을 받아 승진을 하고 남보다 더 많은 돈을 벌어서 풍족하게 살고자 하는 것은 목적이 될 수 있지만, 동료들이나 환자(고객 등)들과 함께 어울려 행복한 직장생활을 이루는 것은 가치다. 전자는 지나친 에고이즘에 기초한 일등 지향의 삶으로 어쩔 수 없이 열심히 일하는 일의 노예가, 후자는 의미 있는 가치를 추구하는 일류 지향의 삶으로 하고 싶어서 열심히 일하는 일의 주인이 될 가능성이 높다. 열심히 일해야 하는 것은 당연하다. 하지만 그것이 진정으로 일하는 재미와 열정이 아니라면 큰 의미가 없다. 즐거운 마음으로 열심히 일하는 것과 괴로운 마음으로 열심히 일하는 척하는 것은 아주 다른 차원이기 때문이다.

공부의 노예가
일의 노예로?

　　　　　　오늘날 대부분의 직장인들은 어릴 적부터 등數 위주의 생활환경 속에서 살아왔다. 어린 시절부터 공부의 가치를 알고 열심히 공부한 것이 아니라 좋은 학교에 갈 목적으로 사는 태도, 즉 일등 지향 의식이 몸에 배어 있다. 오로지 좋은 대학에 가기 위해서 매일 바쁘게 학교와 학원을 나다니면서 허둥지둥 열심히 공부만 하는 공부의 노예였다. 휴일도 없고 방학도 없는 지루한 시간의 연속, 그것은 하고 싶어서 하는 스스로의 공부가 아니라 누군가의 강요나 무언가의 강압에 의해서 어쩔 수 없이 하는 틀에 박힌 다람쥐 쳇바퀴식의 공부였다. 명절이나 가족들의 모임에 자주 참석을 하지 않아서 가까운 친척들도 잘 모르고 오로지 공부에만 몰두하게 된다. 그것은 부모들이 가정사의 최우선 순위를 자식들의 학업성적에 두기 때문이다.
　이런 성장환경이 극히 이기적인 일등 지향적인 삶에 크게 영향을 준 것이다. 오로지 어떤 외재적인 보상만을 얻기 위해서 자신도 모르게 치열한 순위 경쟁에 휘둘려 허둥지둥 정신없이 열심히 일만 하는 일의 노예가 된 것이다. 학창시절의 공부의 노예(공붓벌레)가 직장시절의 일의 노예(일벌레)로 이어진 생활 형태라고나 할까? 매일 일에 치여서 직무만족과 삶의 행복을 느끼지 못하고 항상 불평불만에 가득 차 있는 찡그린 얼굴이다. 많은 사람들이 만나기 싫어하는 악취 풍기는 사람이다. 뭔가 늘 쫓기는 듯 바쁘고 어떤 외부적인 요소에 구속된 일의 노예 생활이라고 할 수 있다.

결코 하고 싶어서 하는 즐거운 일의 열정이 아니라, 어쩔 수 없이 하는 괴롭고 피곤한 일의 열정이다. 그리고 자신의 욕망이 채워지지 못하게 되면 여러 가지 부정적인 현상들(우울증, 자살 등)을 일으키기도 한다. 마치 자신이 왜 뛰는지도 모르고 앞만 보고 열심히 달리다가 낭떠러지에 떨어져 죽고 마는 아프리카의 양, '스프링복'의 공허한 삶을 살아가고 있는 것과 같다. 조직 속에서 일의 노예가 되어 그저 허둥지둥 열심히 일만 하는 일벌레 직장인들의 슬픈 말로다.

돈벌이 일터에서
즐거운 삶터로

직장인들은 하루에 잠자는 시간을 제외하면 그 절반이 조직 속에서의 일을 통한 생활이다. 그래서 직장을 보는 태도(괴로운 일터냐, 즐거운 삶터냐)의 결과변수인 직장생활의 만족감과 즐거움은 바로 일의 주인이 될 때 일어나는 일하는 재미와 열정에 직결되는 요소라고 할 수 있다. 우리는 두 변수가 상호 밀접한 인과관계임을 직접 경험하거나 많이 볼 수가 있다. S병원의 임 간호사와 동료 김 간호사의 경우를 보자.

임 간호사는 아침에 일어나면 환자들이 생각나면서 빨리 직장에 나가서 즐겁게 일하고 싶다고 말한다. 환자를 볼 때마다 어릴 때 병원에서 돌아가신 어머니가 생각나면서 환자의 아픔이 곧 자신의 아픔같이 여겨진다고 한다. 그래서 더 잘 돌보아 빠른 시간 내에 완쾌시키기 위해 매일 최선을 다하는 모습을 일관되게 보여주고 있다. 간호사라는 직업에 큰 보람을 가지며 S병원에서 환자들과의 직장생활이 늘 즐겁고 행복하다. 환자들은 임 간호사가 자주 보고 싶고 기다려지면서 만나면 편안하고 회복 속도도 빠름을 느낀다고 말한다. 환자에게 꼭 필요한 간호사이자 가족과 같은 존재인 것이다.

"내가 돌보는 환자가 건강을 회복해서 기쁘게 퇴원하는 모습에 큰 보람을 갖는답니다. 그렇게 좋고 기쁠 수가 없어요. 간호사가 내 천직인가봐요. S병원의 간호사임을 늘 자랑스럽게 생각하고 있어요."

일 자체의 가치 실현에 더 우선순위를 두고 매일 하고 싶어서 열심히 일하는 일의 주인이다.

그녀의 일하는 재미와 열정은 간호직무의 소명감을 바탕으로 직장을 한없이 고맙고 즐거운 삶터로 여기는 데서 나온다. 단지 돈을 벌기 위해서 나가는 괴로운 일터가 아니라 아픈 환자들과 동료 간호사들과의 생활이 마냥 즐겁고 행복한 삶터인 것이다. 일의 주인이 되어 몸담고 있는 직장과 늘 함께 하고 싶은 마음을 갖는다. 돈을 버는 것은 목적이 될 수 있지만 매일 그들과 함께 즐겁고 행복한 직장생활을 이루는 것은 가치다. 이런 가치실현은 돈으로만 되는 것이 아니다.

하지만 동료 김 간호사는 다르다. 규정에 정해진 기술적인 간호업무만 열심히 수행하면서 매월 받게 되는 급여에 만족한다. 환자를 볼 때마다 그렇게 기쁜 마음이 들지를 않고 오히려 괴롭고 피곤하다. 그래서 담당의사의 지시대로 필요한 약물과 처치 등을 정해진 시간에 투입하는 행위만을 열심히 습관적으로 반복한다. 고된 교대근무로 항상 일이 즐겁지 못하고 퇴근 시간과 휴일이 기다려질 때가 많다. 좋은 기회가 주어지면 간호직무를 벗어나고 싶은 마음이 들 때도 있다. 매월 이 조그마한 봉급을 타기 위해 고생을 한다는 생각을 하니 슬픈 마음이 들 때도 있다. 매일 어쩔 수 없이 직장에 나가서 열심히 일하는 척하는 일의 노예다.

실제로 김 간호사와 같이 직장을 단지 한시적인 돈벌이 일터로 여기는 '그저 그런' 봉급쟁이 직장인들이 많다. 적당히 근무하다가 어떤 기회가 주어지면 언제라도 떠나겠다는 생각, 소위 잠시 거쳐 지나가는 '나그네'의 마음 자세를 갖는 경우다. 지금은 워낙 경기가 나쁘기 때문에 어쩔 수 없이 근무하고 있을 뿐이라는 생각이 마음 가운데 감추어져 있다는 이야기다. 이럴 경우에는 일하는 재미와 열정이 크게 높아질 수가 없게 된다. 자연히 업무자세가 형식적이고 소극적이 될 가능성이 매우 높아 자신의 이익(급여 등)과 직접적인 관련이 없으면 동료 조직 구성원들과의 협력이 활발하게 일어나지 않고 조직에의 기여도도 낮을 수밖에 없다.

두 간호사의 사례를 통해 알 수 있듯이 직장을 보는 태도가 일하는 재미와 열정의 강도에 크게 영향을 미치게 됨은 분명하다. 김 간호사와 같이 일의 노예가 되어서 직장이 어쩔 수 없이 잠시 몸담고 있는 괴로운 돈벌이 일터로 여길 때는 일이 재미가 없게 되고, 임 간호사와 같이 일의 주인이 되어서 직장을 늘 함께 하고 싶은 즐겁고 행복한 삶터로 여길 때는 일이 더욱 재미가 있게 된다. 이 말은 일과 직장을 보는 태도는 밀접한 상관관계가 있으며, 두 태도는 일하는 재미와 열정의 선행요소가 된다는 뜻이다. 하여튼 몸담고 있는 직장생활이 재미있어야 맡은 일도 재미가 있는 법이다.

두 환경미화원의
일과 직장을 보는 태도

직장을 보는 태도와 일하는 재미와 열정의 인과관계에 대한 또 하나의 사례를 보자. P사의 환경미화원 '이 씨 아줌마'는 사무실 직원들보다 일찍 출근(아침 6시), 늦게 퇴근(오후 7시)하는 직장생활을 10여 년간이나 해오고 있다. 근로계약서상의 직무범위는 출퇴근 전에 5개 사무실과 계단 및 화장실을 청소하는 일이다. 비교적 단순한 일이지만 근무 중에도 수시로 복도와 화장실의 청결 상태를 점검하느라 쉴 시간이 없다. P사에서는 그녀가 단순한 청소 작업 외의 일까지도 하는 사람으로 알려져 있다. 사무실이나 복도에 놓여 있는 화분에 물을 주거나 보살피는 일, 직원들의 생일이나 휴가 날짜를 기억해 두었다가 출근하는 날 아침에 예쁜 장미꽃 한 송이를 책상 위에 올려놓아 기분을 좋게 하는 일도 한다. 계약서상에 명시되어 있지 않고 급여에도 영향을 주지 않는 일들이다. 그야말로 '환경미화원'이라는 본연의 책무를 다하는 직장인이다.

그래서 P사의 사무실 직원들에게는 그녀가 단순한 회사 청소원이 아니라 엄마, 누나 같은 존재로 인식되어 있다. 연말 송년회나 직원들의 회식 자리에도 간혹 초대받아 함께 어울린다. 비록 사무실 청소 작업을 하청 받은 용역업체의 직원에 불과하지만 P사의 정규 직원과 같아 보인다. 아침에 일어나면 사무실 직원들이 보고 싶어지면서 빨리 회사에 나가서 일하고 싶다고 한다. 간혹 복도에서 직원들을 볼 때면 자식과 동생 같은 생각이 들어 늘 반갑게 인사를 한다. 보잘것없는 청소원이 아니라 사무실 근무 환경을 좋게 만들어 직원들의 업무 생산성을 높이는 도우미로서 큰 보람을 느끼며 매일 즐거운 직장생활을 하고 있다. 진정으로 하고 싶어서 열심히 일하는 일의 주인이다. 이와 같이 일의 주인이 되어서 직장을 행복한 삶터로 스스로 만들어 나갈 때 일하는 재미와 열정은 크게 일어날 수가 있는 것이다.

하지만 P사에서는 '이 씨 아줌마'와는 다르게 일하는 청소원도 있다. 근로계약서상의 업무만 열심히 수행하면서 매월 받게 되는 급여에 만족하는 '조 씨 아줌마'의 경우다. 그녀도 매일 아침 P사의 직원들보다 조금 일찍 출근해서 자신이 맡은 구역은 깨끗하게 열심히 청소를 한다. 하지만 청소를 마치고 나서는 별다른 일이 없어 사람들이 보지 않는 적당한 구석에서 앉아 쉬거나, 퇴근 시간만 기다리는 경우도 자주 있다. 가끔 복도에서 사무실 직원들과 마주쳐도 그냥 지나쳐 버린다. 개인적으로 저녁에 약속이 있는 날이면 평소보다 좀 일찍 퇴근하고 이튿날 아침에 모아서 청소를 하는 경우도 간혹 있다. 먹고살기 위해서 매일 회사에 나가서 일하고 있지만 괴로운 마음으로 직장생활을 하고 있다.

청소원이라는 직업이 부끄러워서 숨기며 살고 있기 때문에 주위의 아는 사람들은 P사의 청소원임을 잘 모른다. 매일 돈을 벌기 위해 어쩔 수 없이 직장에 나가서 열심히 일하는 척하는 일의 노예다. 이와 같이 일의 노예가 되어서 직장을 한시적인 돈벌이 일터로 여길 때는 일하는 재미와 열정은 크게 일어날 수가 없다.

똑같은 직장에서 똑같은 직무를 수행하면서도 맡은 직무와 몸담고 있는 직장을 보는 태도에 따라 일하는 재미와 열정의 강도에 차이가 나는 경우는 어느 직업이나 직무에서도 볼 수 있다.

일하는 재미를 드높이는
급여가치 음미

　　　　　몇 년 전에 동아일보에서 한국 자영업자들의 한 달 수입에 대한 조사 결과를 보도한 적이 있었다. 상당수가 매월 28일 이상 매일 12시간 넘게 일을 하여도 월평균 수입이 150~200만 원도 되지 않는다는 내용이었다. 그것도 부부가 함께 온종일 매달려 버는 수입이란 것이다. 최근에는 그런 자영업자들도 문을 닫는 경우가 많다고 한다. 아마 그들은 매월 꼬박꼬박 월급을 받고 살아가는 직장인들이 한없이 부러울 것이다. 하지만 자신이 받는 급여에 크게 만족하면서 즐겁게 열심히 일하는 직장인들은 얼마나 될까?

　S병원의 임 간호사는 타 동료 간호사들보다 더 높은 평가와 더 많은 보상을 받는 슈퍼 직장인이다. 일의 주인이 되어 환자의 회복 속도를 한층 더 높이기 위해서 보다 질이 높은 간호업무를 스스로 확대해서 수행했기 때문이다. 매시간 주사와 약물 투입 후의 환자 반응 상태를 세심히 관찰함은 물론 환자의 가족관계, 고민사항 등의 정서 상태까지 살핀다. 타 동료 간호사들과 차별화하여 자신의 몸값을 높이는 일들이었다. 남보다 많은 보상을 요구하기 전에 먼저 남다른 성과를 창출하는 일에 집중했다. 성과 창출보다 보상획득에 관심이 많은 일의 노예인 '그저 그런' 봉급쟁이 직장인과는 그 순서가 반대다.

그리고 그녀는 매월 급여를 받을 때마다 몸담고 있는 병원에 대해 고마운 마음을 갖는다고 한다. 노력한 성과에 비해서 과대한 반대급부를 받는다는 생각에서 나오는 고마움이다. 꼭 한 달에 한 번씩은 자신이 받은 급여가치를 생각하면서 지난달의 직장생활을 되돌아보는 시간을 갖는다. 일하는 재미와 열정을 드높여 나가는 그녀 나름의 방식이다.

하지만 일의 노예가 되어서 일하는 재미와 열정이 약해지면 직장을 오로지 돈을 버는 일터로 여기기 때문에 급여의 소중한 가치를 느끼기가 어렵다. 오히려 받을 만큼의 노력을 했기 때문에 정당한 보상이며 같은 직급의 동료 구성원들에 비해서 적다는 생각을 갖게 된다. 그리고 늘 그런 생각으로 직장생활을 하게 되면 몸담고 있는 조직과 상사에 대한 불평, 불만을 은연중에 갖게 되고 항상 스트레스에 휩싸여 일이 즐겁지 못하고 피곤하게 된다.

일의 주인이 되어 매월 급여의 소중한 가치를 생각해 보는 것, 직장에 대한 고마움과 직장생활의 행복감을 갖게 하고 일하는 재미와 열정을 드높이는 방법이 될 수 있다. 하지만 오래도록 일의 노예가 되어 등수 지향의 삶의 방식에 찌든 직장인에게는 매월 받는 급여의 가치를 음미하면서 만족감을 갖기가 쉽지 않은 법이다.

직장인이라는 자체에
감사한다

요즘 우리나라에서 직장을 갖고 일을 하면서 살아간다는 것이 얼마나 어려운 것인지를 보여주는 코믹 시리즈가 있다. 20대에 취직을 하면 가문의 영광이요, 30대에 직장 다니는 자식이 있다면 동네잔치를 벌일 정도의 경사라고 한다. 대학 졸업 후에 대기업 등에 취직한 자식을 둔 부모의 어깨에 힘이 들어간 사실을 자주 목격할 수 있으니 맞는 이야기다.

그리고 40~50대에 퇴직을 안 하고 회사에 다닌다면 국가적인 경사요, 한국에서 60대에도 은퇴를 안 한다면 세계 불가사의 중 하나이며, 특히 망하지 않고 여전히 사업을 하고 있다면 한강의 기적이라고 한다. 요즘 40~50대에 은퇴해서 마땅히 일자리가 없어 떠밀려 창업을 하다 실패한 사람들이 많고, 그런대로 잘나가던 중소업체나 자영업자들도 문을 닫는 경우가 늘어난다고 하니 정말로 맞는 말인 것 같다. 모두가 요즘 직장을 갖고 돈을 번다는 것이 얼마나 어렵고 힘든 것인지를 빗대어 하는 말이다.

S병원의 임 간호사는 40대에 퇴직을 안 하고 직장인으로 생활하고 있으니 국가적인 경사 거리다. 그래서 직장인이라는 그 자체에 무조건 감사한 마음을 갖는다고 한다. 그녀는 매일 아침 이런 생각으로 하루의 직장생활을 시작한다. 몸담고 있는 직장이 한없이 고마워지면서 아침에 일어나면 빨리 회사에 나가서 일하고 싶은 마

음이 일어난다고 말한다. 비록 바쁘고 힘든 간호사의 생활이지만 출근을 해서도 직장에 대한 감사한 마음으로 열심히 일한다. 일의 주인이 되어서 매일 직장을 즐겁고 행복한 삶터로 만들어 나가는 그녀 나름의 방법이다.

직장인으로 생활하고 있다는 자체에 그저 감사한 마음을 갖는 것, 피곤함을 잊게 하고 일하는 재미와 열정을 높이는 한 방법이 될 수 있을 것이다. 하지만 대부분 이 쉽고 간단한 방법이 실천되지 않는 경우가 많다. 단지 직장에 대한 감사한 마음을 갖고 직장을 즐거운 삶터로 여기면 되는 문제인데도…….

2 | 꿈을 가져라
- 의미 있는 삶이 된다

머물다가 떠나간 뒤에도 오래 기억에 남아 존경을 받는 사람이 있다. 그들은 모두가 의미 있는 꿈의 실현을 통해 의미 있는 흔적을 남겼기 때문이다. 아무렇게나 일하고 살면 의미 없는 일과 삶이 되어 버린다. 진정으로 하고 싶어서 하는 일의 즐거움과 열정이 크게 일어날 수가 없기 때문이다. 하지만 지나친 이기심에 기초한 '그저 그런' 꿈을 가질 때보다 일 자체의 가치실현을 위한 '의미 있는 꿈'을 가질 때 일이 더 재미가 있는 법이다.

"나는 커서 훌륭한 간호사가 될 거예요."

장래희망을 묻는 선생님의 질문에 대한 어느 초등학생의 대답이었다. 그러면서 눈물을 글썽거렸다. 오래전에 어머니가 병원에서 위암 투병으로 고생을 하다가 숨져간 슬픈 광경이 생각났기 때문이다. 그 소녀는 당시 어머니와 병원에서 함께 하는 시간이 많았는데 한 간호사가 자신을 볼 때마다 안아주면서 좋아했다.

그 간호사가 주사를 놓아주며 이야기를 나누고 나면 통증이 없어지면서 기뻐하시는 어머니의 모습을 많이 보았다. 어머니와 소녀는 수시로 그 간호사를 찾았고 그녀가 오면 매우 반갑고 좋았다. '나도 커서 아픈 사람을 기쁘게 해 주는 훌륭한 간호사가 되어야지!' 어머니가 오랫동안 입원해 있을 때 자주 찾아오는 그 간호사가 이루 말할 수 없이 고맙고 존경스럽게 보였던 것이다. 이후 독서광인 그 소녀는 자라서 국제 간호사 자격증까지 취득했다. 미국에서 수년간 간호사로 생활을 하다가 지금은 고국으로 돌아와서 일하고 있다. 어릴 때 품었던 한국의 나이팅게일이 되기 위해서였다. 현재 서울 S병원에 근무하고 있는 임 간호사다.

대부분의 하위급 생명체들은 꿈이 없이 정해진 운명의 길을 간다. 하지만 사람은 각기 고유한 존재이기 때문에 꿈의 내용과 그 실현 정도에 따라서 상상을 초월하는 존재로 거듭날 수가 있다. 꿈이야말로 우리 인간들에게 좀 더 가치 있는 삶으로 안내하면서 의미 있는 흔적을 남기게 하는 근원적인 요소다. 그래서 젊음의 잣대도 나이가 아니라 꿈의 유무다.

꿈(비전)은 삶의 활력을 일으키는 원동력이다. 똑같은 장소에서 똑같은 일을 하면서도 각기 일하는 재미와 열정의 강도가 다른 또 하나의 큰 이유다. 지나친 이기심에서 벗어나 어떤 큰 존재의 번영과 행복을 지향하는 의미 있는 꿈일 때는 더욱 그렇다. '그저 그런(So-so)' 꿈이 아닌 '의미 있는 꿈'은 인간이 성장코자 하는 본능을 더욱 크게 자극하는 요소가 될 수 있기 때문이다. 삶의 가치를 소아小我에 머무는 것이 아니라 자신보다 더 큰 대의에 두는 것을 말한다. 아픈 환자를 기쁘게 해주는 훌륭한 간호사가 되겠다는 임 간호사의 꿈이 바로 그렇다. 매일 바쁜 격무 속에서도 지칠 줄 모르고 즐겁게 일하게 만드는 동기요소다. 자신의 한없는 욕망을 채우기 위해서 어쩔 수 없이 열심히 일하는 S병원의 그저 그런 봉급쟁이 김 간호사와는 크게 다르다.

우리에게 어떤 나름의 꿈이 없다면 있는 그곳에서 더 나아가지 못하고 곧 성장이 멈춰 삶의 의미를 상실하게 될 것이다. 밝은 미래에 대한 희망과 기대감 때문에 오늘의 힘든 고통을 인내한다. 보다 더 나은 내일을 바라보면서 즐겁게 열심히 일한다. 의미 있는 꿈과 기대감이야말로 신이 우리 인간들에게 준 참으로 큰 하나의 자산일 것이다. 이것이 누구나 나름의 의미 있는 꿈을 가져야 하는 당위성이다. 또 지금 아무리 힘들고 어려워도 그동안 간직해 온 꿈을 놓지 말고 그 성공적인 실현을 위해 일에 더욱 박차를 가해야하는 이유이기도 하다. 의미 있는 꿈의 유·무야말로 분명 일하는 재미와 열정을 드높이는 핵심요소다.

앞만 보고 달리는
스프링복의 공허한 삶

간혹 TV '동물의 세계(혹은 왕국)' 프로그램에서 보게 되는 스프링복이라는 사막의 동물은 삶의 방식이 퍽 흥미롭다. 스프링복은 맹수들의 습격을 방어하기 위해 무리를 형성해서 살고 있는 아프리카의 양이다. 그러다 보면 무리 뒤편의 것들은 먹이가 부족해지고 좀 더 앞으로 나아가 먹이를 찾기 위해서 무리 전체가 뛰면서 광란의 질주가 시작된다. 계속 뛰다가 멈추지 못하고 결국 대부분 벼랑 끝에서 떨어져 죽는다고 한다. 그 중 10% 정도만 살아남아서 이들이 다시 큰 무리를 형성하여 똑같은 행동을 반복하는 매우 특이한 삶이다.

오로지 먹이의 노예가 되어 앞만 보고 열심히 뛴다. 평소 같이 지내던 동료들끼리 치열한 경쟁을 하면서 뛰다가 마침내 파멸로 치닫고 마는 공허한 하위급 삶이라고 할 수 있다. 우리는 '스프링복'을 참으로 어리석은 동물이라고 말할 수 있을까? 자연과 환경에 적응하기 위한 동물 본연의 불가피한 선택이라고 할 수 있겠지만 오늘날 우리들에게 시사하는 바는 매우 크다. 의미 있는 삶의 지향점이 없이 매일 허둥지둥 앞만 보고 죽어라고 일만 하다가 어느 날 퇴직하는 부지런한 게으름뱅이 직장인들과 다르지 않다는 생각 때문이다. 공허한 삶의 방식이라는 측면에서는 같다. 찡그린 얼굴로 뭔가에 쫓기듯 열심히 일하는 S병원의 김 간호사와 같은 부지런한 게으름뱅이의 삶이라고 할 수 있다. 이것은 삶의 목표와 추구 가치가 명확치 못한 상태에서의 열정이다. 진정한 일의 즐거움과 열정이라고 할 수가 없다.

기러기도 나름의
의미 있는 삶을 산다

스프링복의 삶과 대조되는 생명체가 하나 있다. 계절에 따라서 수만리 길을 이동하는 철새 기러기들의 삶이다. 이들의 삶의 방식이 또한 퍽 흥미롭다. 겨울철에 접어들면 우리나라의 큰 강변이나 늪에 기러기 떼들이 날아가는 모습을 자주 볼 수 있다. 대개 시베리아 동부와 사할린 섬, 알래스카 등지에서 번식하고 한국, 몽골 등지에서 겨울을 나기 위해서 무리를 지어 매년 먹이와 따뜻한 곳을 찾아 먼 길을 떠난다고 한다. 이것은 그들이 이루고자 하는 나름의 꿈이요 목표다.

그런데 이동을 할 때 반드시 무리를 지어 V자를 뒤집은 형태의 대형을 이룬다. 공기의 저항을 가장 적게 받기 위해서라고 한다. 한 마리가 날아가는 경우는 거의 없다. 그리고 수시로 선두 자리가 바뀐다. 이 대형에서 가장 힘든 자리는 공기의 저항을 많이 받는 선두 자리이기 때문에 2~3시간마다 서로 교체하면서 앞으로 나아간다고 한다. 이러한 그들 나름의 삶의 방식 또한 큰 시사점을 던져주고 있다.

무엇보다 한 무리(팀) 내의 기러기들은 모두가 자신의 안위나 이익보다 팀의 목표달성을 위해서 힘든 리더가 되어 희생하는 것을 꺼리지 않는다. 그것은 팀원들이 이루고자 하는 조직의 비전과 도달코자 하는 목표를 공유하고, 그 실현을 간절히 염원할 때 나타나는 행동이라고 할 수 있다. 또 긴 여정을 싸우지 않고 평온하게 서로 도우며 함께 나아간다. 개인적으로 날아갈 때보다 그룹을 지어 날아 갈 때 더 멀리 날아갈 수가 있다는 것, 그래야만 자신들이 가고자 하는 따뜻한 남쪽 땅(나름의 꿈과 목표)에 능히 도달할 수 있다는 사실을 철저하게 터득한 철새다.

오로지 눈앞에 보이는 먹이만을 남보다 먼저 쟁취하기 위해서 죽을힘을 다해 앞만 보고 달려가다가 벼랑 끝에서 너와 나 모두 떨어져 죽고 마는 스프링복의 삶과는 차원이 매우 다르다. 기러기 나름의 의미를 추구하는 행복한 삶일 것이다. 늘 격무에 시달리면서도 즐거운 마음으로 아픈 환자들을 정성껏 간호하는 S병원의 임 간호사와 같은 삶이다. 그녀는 오늘도 훌륭한 간호사가 되겠다는 나름의 의미 있는 꿈의 여정을 향해 열심히 달려가고 있을 것이다. 누구나 의미 있는 꿈을 가질 때 일하는 재미와 열정이 더 크게 일어날 수 있는 법이다.

아무렇게나 살지 마라,
아무런 삶이 된다

사람마다 일을 통한 삶의 그릇에 채워지는 내용들의 가치와 의미는 각기 다르다. 자연히 개인이 판단하는 성공감이나 행복감도 다를 수 있다. 하지만 그에 대한 공통된 판단 잣대가 하나 있다. 그것은 주어진 시간과 일들에 대한 의미를 자기 자신만의 이익 기준을 뛰어 넘어 '더 높은' 어떤 존재의 번영과 행복에 둔다는 점이다. 바로 일을 통한 더 높은 의미 추구적인 삶, 의미 있는 꿈이다. 이것이야말로 인간을 더욱 인간답게 만드는 공통프로세스라고 할 수 있을 것이다. 인간은 사회적 맥락 속에서 살아가야 하는 존재임으로 이기적인 삶의 추구만으로는 진정한 행복을 얻을 수 없기 때문이다.

몇 년 전에 입사 3~4년차 되는 대기업 젊은 직장인들을 대상으로 변화와 혁신에 대한 강의를 몇 차례 한 바 있다. 강의 전에 교육생들에게 꼭 던지는 질문이 있다. 조직에서 어떤 의미 있는 나름의 꿈을 가지고 있는지, 만약 있다면 그 꿈의 실현을 위해 얼마나 변화의 중심에 서서 일에 열정을 쏟고 있으며, 또 그 성과에 대해 크게 만족하고 있는지를 묻는다.

나름의 꿈은 있지만 의미가 없는 꿈이라고 생각하기 때문인지 당당하게 대답하는 교육생은 거의 없었다. 꿈과 도전의욕을 상실해 버린 젊은 직장인들이 많다는 느낌을 받았다. 자신의 행복한 삶과 조직사회의 번영을 위해 꿈을 성취해 보고자 하는 뜻있는 젊은 직장인들이 귀하다는 사실을 확인할 수 있었다. 자신들의 삶의 가치관이나 적성에 관계없이 한 번 직장에 들어가면 정년이 보장되고 그럭저럭 살아갈 수 있는 안정적인 직장이면 만족하는 것 같았다.

이렇듯 우리 시대 최대의 화두는 꿈, 학교, 전공을 불문하고 오로지 안정된 직장이다. 급기야 신의 직장이라고 부르는 공무원이나 공기업 직원이 젊은이들의 공통된 꿈이 되어 버린 것이다. 어디에서나 나름의 꿈을 찾을 수가 있어야 하는데 말이다. S병원의 임간호사와 같이 나름의 의미 있는 꿈을 간직하고 즐겁게 열정적으로 일하는 젊은이들이 왜 적은 것일까?

나름의 의미 있는 꿈은 인간의 무한한 성장본능을 자극하는 힘을 갖는다. 진정으로 하고 싶어서 하는 즐거운 열정과 이에 기초한 더 나은 가치창조도 여기에서 나올 수가 있다. 나름의 의미 있는 꿈이 없다면, 그리고 있어도 실현되지 않는다면 꿈이 없이 정해진 운명을 쫓아가는 스프링복과 같은 하위급 생명체들과 크게 다를 바가 없을 것이다. 꿈은 누구에게나, 어디에서나 있어야 하는 법이다. 젊은이에게만 국한되는 것도 아니고 편하고 안정된 직장에서만 존재하는 것도 아니다.

삶의 가치, 일의 가치는 어디에서나 존재한다. 머물다가 떠나간 뒤에도 오래 기억에 남아 존경을 받는 사람들은 모두가 의미 있는 꿈의 실현을 통해 의미 있는 삶을 살았다. 아무렇게나 일하고 살면 아무런 일과 삶이 되는 법이다. 그것은 진정으로 하고 싶어서 하는 일의 재미와 열정이 일어날 수가 없기 때문이다.

머뭇거리지 마라,
인생은 너무 짧다

의미 있는 꿈의 설계는 빠를수록 좋다. 매일의 일상적인 생활 속에서 조금씩 이루어져 나가는 꿈의 속성 때문이다. 나는 언제부터인가 새해를 맞이할 때면 변화와 의미라는 두 단어를 좀 더 깊이 생각해 보는 시간을 갖는다. 지난 시간에 대한 의미 찾기와 다가오는 시간에 대한 의미 있는 가치창조를 구상해 보는 일이다. 금년은 어떤 의미 있는 시간을 보내며 일을 하게 되었는지 반추해 보면서 새해에는 좀 더 나은 가치를 얻기 위한 노력이다. 일 년에 한 번이라도 꼭 그렇게 반복한다.

시간을 생명같이 여긴다. 지난 시간은 이미 의미 없이 흘려보냈지만 남은 시간만큼은 좀 더 나은 변화와 가치를 만들어 내기 위해서다. 특히 겉으로 화려하게 보이는 양적인 삶보다 품질이 높은 가치 있는 삶에 초점을 맞춘다. 천박한 삼류 인생이 되지 않기 위해서다. 하지만 새로운 각오로 새해를 맞이하면서 나름대로 열심히 노력하지만 별다른 의미를 찾지 못한다. 별 성과 없이 또 한 해를 보냈구나 하는 생각이 들면서 늘 허전하다.

열심히 뛰었는데도 남는 것이 아무것도 없다는 생각, 즉 의미 없는 시간을 보냈구나 하는 생각이 들 때면 더욱 공허한 마음이 든다. 그래서 나름대로 의미(가치)가 없는 모임이나 놀이라는 생각이 들면 가능한 참여를 꺼리는 경향이다. 간혹 주위 사람들로부터 편잔과 비난을 받기도 하지만, 'Time is the Life'가 나름의 삶의 가치관이요, 방식이기 때문에 크게 신경을 쓰지 않는다.

신이 우리 인간에게 준 삶의 시간은 유한하다는 것, 단 한 번 밖에 없는 인생이라는 사실을 자주 생각해 보는 노력, 또 일을 통해 삶의 품질을 높일 수 있는 시간이 얼마나 남았는지를 자주 계산해 보는 연습은 일하는 재미와 열정을 드높이는 하나의 방법이 될 수 있다. 나름의 의미 있는 꿈을 실현한 사람들은 모두가 이 사실을 일찍 깨닫고 자신에게 주어진 하루하루의 시간을 불태웠다.

의미 있는 꿈을 간직한 사람들은 삶의 순간순간, 그 마디마디에서 수시로 자신의 삶의 목표와 진행 방향을 점검해 봄으로써 그 변화 정도를 의도적으로 느끼는 노력이 있었다. 그저 허둥지둥 앞만 보고 열심히 일하는 부지런한 게으름뱅이가 아니었다. S병원의 임간호사도 어린아이 시절에 간직한 나름의 의미 있는 꿈을 실현하기 위해 앞으로 자신에게 남은 시간을 계산해 보면서, 아마 오늘 하루도 불태우고 있을 것이다. 머뭇거리기엔 너무나 짧은 인생이니까.

남은 나이가
몇 살인가요?

어느 날 한 학생이 강의 후 휴식시간에 느닷없이 나이를 물었다.

"교수님, 혹시 연세가 어떻게 되세요? 60대 초반은 되시는 것 같은데요? 대단하십니다."

평소에 나이 밝히기를 매우 싫어하는 터라 학생들은 물론 동료 교수들도 나의 나이는 정확히 모른다. 지난 몇 년 간 감추어 온 비밀도 아닌 비밀을 비로소 밝혀야 하는 순간을 맞은 것이다. 이를 모면하기 위해 기지를 발휘했다.

"앞으로 15살 남았어요. 정확하게는 180개월(15년×12개월), 더 정확히는 5,475일(15년×365일)이지요. 우리나라 남자의 평균 건강수명 80세를 기준으로 계산한 것입니다. 정상적인 활동을 통해 사회에 기여하면서 살아갈 나이는 얼마 남지 않았어요. 나는 지난 나이를 물으면 반드시 남은 나이(여명)로 대답하지요."

그리고 그 학생에게 되물어 보았다. 직장에 다니는 대학원생이라 나이가 40대 후반쯤 되어 보였다.

"학생은 남은 나이가 몇 살인가요? 35살 정도는 남은 것 같은데요?"

학생은 고개를 끄덕였다.

"사람의 나이를 앞에서만 세다가 뒤에서부터 센다는 것은 삶(일의 의미와 품질을 깊이 생각하게 된다는 뜻입니다. 나름의 의미 있는 꿈을 실현하기 위해 일하는 재미와 열정의 강도를 더 높이는 노력을 하게 된다는 것이지요. 쉽게 말해 그때부터 비로소 철이 든 행동을 하게 된다고 말할 수 있지요. 옛날 말에 '철들자 죽는다' 는 말이 있지 않습니까? 나이의 역산 시점은 빠를수록 좋아요. 남은 인생을 더욱 보람되게 만드는 요소로 작용될 수 있기 때문입니다. 특히 직장인들이 조직 속에서의 삶을 헛되게 보낸다면 인생 전체가 공허할 수 있습니다. 법정스님은 남은 시간을 무가치, 무의미하게 쓰는 것은 남은 시간에 대한 모독이라고 말했지 않았습니까? 시간은 바로 생명이기 때문입니다."

꼰대 교수라는 인상을 줄까 봐 걱정도 되었지만 나이 역산의 의미와 필요성에 대해서 장황하게 설명을 했다. 특히 거의 생의 절반인 40세 후반에 접어들면 지난 나이보다 남은 나이를 묻고 생각하는 것이 일하는 재미와 열정을 드높이는데 긍정적으로 작용한다는 사실을 강조했다. 나의 설명에 학생은 크게 만족했다.

나의 브랜드,
잡 크라프팅 연구소

사람마다 앞으로 남아 있는 나이와 활동 시간은 각기 다르지만 남은 소중한 시간을 잘 활용해서 의미 있는 흔적을 남기는 삶은 공통된 과제일 것이다. 퇴직 후 나는 우리나라 직장인들이 일의 주인이 되어서 일할 맛, 살맛(일하는 재미, 사는 재미)나는 행복한 직장생활이 되게 하는데 기여코자 하는 나름의 작은 꿈을 설계하게 되었다. 그나마 조금 남아 있는 소중한 시간을 여기에 쏟아 의미 있는 삶의 보람을 찾고자 하는 몸부림이다. 누군가 사람이 죽는다는 것은 관棺에 들어가는 것이 아니라 사람들의 기억 속에 들어가는 것이라고 말했지 않던가? 내가 이 세상을 떠난 후에도 나를 아는 직장 후배들의 가슴속에 나의 작은 꿈이 살아남아서 존경받는 이미지로 기억되게 하는 일이다.

그래서 2017년에는 '잡 크라프팅(Job Crafting)' 연구소를 만들었다. 장인(craft man)의 직업정신으로 더 나은 가치물(명품)을 만들어 내는 태도와 행동에 대한 연구소다. 즉 일하는 재미와 열정을 드높여 매순간 더 나은 가치를 만들어 내기 위해 노력하는 직장인을 돕는 1인 연구소다. 다양한 영향 요인들을 찾아내고, 그 향상 방안들을 개발하여 보급하는 일을 주로 한다.

한 대의 컴퓨터가 있는 곳이 사무실이고 그곳에서 여러 직장인들을 만나서 대화한다. 내가 알려주거나 가르치는 것보다 배우고 연구할 포인트를 많이 얻는다. 잡 크라프팅 연구소는 퇴직 후 그동안의 지식과 경험들을 토대로 만든 나의 브랜드다. 늦게나마 나름의 의미 있는 꿈을 찾아 일하는 재미와 열정을 쏟게 되어 큰 보람을 갖는다.

손정의 회장의
의미 있는 꿈

　　　　　머뭇거리기엔 너무나 짧은 인생이라는 사실을 일찍 깨닫고, 일하는 재미와 열정으로 나름의 의미있는 꿈을 실현한 사람이 있다. 재일동포 3세인 일본 소프트뱅크 손정의 회장이다. 그의 좌우명은 '뜻을 높게(志高く : 고코로자시타카쿠)' 이고, 꿈은 일본 제일의 사업가가 되는 것이었다. 입신출세를 해서 명예를 얻고 돈을 벌겠다는 차원을 뛰어넘어 많은 사람들에게 행복을 가져다주는 의미 있는 일을 하고 싶다는 것이었다. 한 번뿐인 인생, 뭔가 큰일을 하겠다는 의미 있는 꿈이다.

　16세에 일본 제1의 사업가가 되고자 미국으로 유학을 가서 자신의 의미 있는 꿈을 실현시킨 입지전적인 인물이다. 19세에 이미 인생 50년 계획을 세웠다고 한다. 자신이 도전해서 이루어 내야 할 것들에 대한 비전실현 계획을 완성한 것이다. 이후 그 계획을 바꾼 적도, 목표치를 낮춘 적도, 달성하지 못한 적도 없었다. 결혼식 시간이 다된 줄도 모를 정도로 일에 몰두했다고 한다. 그야말로 일하는 재미와 열정의 극치다. 결국 소아小我에 머물지 않고 모든 사람들의 행복을 위한 꿈을 현실화시켰다. 일본 제일의 사업가가 되어 많은 사람들에게 행복을 안겨주고자 하는 그의 의미 있는 꿈이 일하는 재미와 열정을 드높이는 동력으로 작용하여 디지털 시대의 성공한 기업인이 되게 한 것이다. 지금도 그 꿈을 간직하고 성공한 삶을 살아가고 있다.

"젊음은 무한한 가능성입니다. 어떤 꿈이든 펼칠 수 있지요. 차나 집이 아닌, 더 많은 사람들을 위한 꿈을 꾸세요. 다른 사람들의 행복을 위해 고민할 때 세상을 바꾸고 본인도 행복해 질 수 있습니다. (동아일보 2013년 9월 16일자 기사)"

오래전 어느 날 한국을 찾은 그가 한국의 젊은이들에게 던진 의미 있는 메시지다. 미래창조의 꿈이 없이 매일 일하는 재미와 열정을 잃어가는 젊은이들에게 귀감이 되는 좋은 사례다.

괴로운 열정에서
즐거운 열정으로

요즘 어느 직장에서나 모두가 열심히 일한다. 그런데 그 자세와 행동의 내면을 들여다보면 두 가지 유형이 존재함을 알 수 있다. 어떤 외재적인 요소에 의해서 어쩔 수 없이 열심히 일하는 척하는 사람과 일 자체의 가치실현을 위해서 하고 싶어서 열심히 일하는 사람이다. 전자는 일의 노예인 그저 그런 봉급쟁이 직장인의 열정이요, 후자는 일의 주인인 슈퍼 직장인의 열정이다.

일의 노예는 자신의 어떤 욕망을 채우기 위해 그저 허둥지둥 앞만 보고 열심히 일하는 일벌레(workaholic)다. 일의 노예가 되어 그저 늘 바쁘고 시간을 낼 수가 없다. 누군가에, 뭔가에 쫓기는 듯,

일을 하지 않으면 항상 불안하다. 많은 시간과 노력을 주어진 일에 투입하지만 생산성이 떨어지고 갈수록 스트레스로 고통을 받는다. 결코 행복할 수가 없는 일벌레 내지는 부지런한 게으름뱅이 직장인의 삶이다. 마치 자기 자신이 죽는 줄도 모르고 먹이를 찾으려 앞만 보고 광란의 질주를 하다가 결국 벼랑에 떨어져 죽고 마는, 아프리카의 양 스프링복의 삶의 열정과 흡사하다. 먹고살기 위해서 어쩔 수 없이 일하는 괴로운 열정인 것이다. 오로지 일등 지향의식이 몸에 배어있는 공허한 하위급 삶이라고 할 수 있다.

하지만 일의 주인은 맡은 직무 자체의 가치실현에 더 큰 관심을 갖고 나름의 꿈을 성취하여 보람을 찾는 자아실현의 행복한 삶을 살아간다. 때문에 일의 노예인 일벌레 직장인과는 일에 대한 열정에 근본적인 차이가 있다. 맡은 직무와 자신의 삶이 정확히 연계되어 일어나는 열정으로 어떤 강박관념하에서 나오는 일벌레의 열정과는 성격이 전혀 다르다. 열정적으로 일에 몰입하고 그 순간의 삼매경에 빠져서 시간이 가는 줄도 모르고 즐겁게 일을 하지만 일을 하지 않는다고 해서 불안해하거나 안절부절못하지도 않는다. 스스로 설정한 의미 있는 꿈(삶의 청사진)을 향한 질주다.

단지 상사로부터 인정받고 승진하기 위해서라기보다 맡은 직무수행이 몸담고 있는 조직사회를 더 좋게 만든다는 확신과 보람을 가지고 일에 열중한다. 일 자체의 가치실현을 통한 성취감으로 주변 상황에 흔들리지 않고 계속 열정이 유지된다. 자신의 분명한 삶의 목표와 방향을 향해 열정을 쏟으면서도 생명의 준엄한 가치를 우선시하는 일류 지향의 행복한 삶이다. 진정으로 하고 싶어서 일하는 즐거운 열정이다. 일의 주인이 되어 의미 있는 꿈을 가질 때 일하는 재미와 열정은 더 크게 일어날 수 있다.

3 | 일다운 일을 하라
- 일과 꿈은 하나이다

자신이 이루고자 하는 꿈과 연계되어 있는 '일다운' 일에 심혈을 기울이는 직장인이 있는가 하면, 반대로 꿈과 연계되지 않은 '낡은 일'에만 관심을 갖는 직장인도 있다. 조직 차원에서 늘 해오던 낡은 일도 필요는 하지만 일하는 재미와 열정을 드높이는 요소가 될 수는 없다. 조직 속에서 일을 통한 자신의 성장 속도와 밝은 미래를 구체적으로 볼 수가 없기 때문이다. 자신의 의미 있는 꿈과 연계된 '일다운' 일감들을 스스로 찾아내어 매진할 때 일이 더 재미가 있는 법이다.

직장인이면 누구나 비전이 있는 조직(회사, 부서 등)에서 일하고 싶어 한다. 내가 왜 여기에서 이 일을 하고 있는가, 여기에서 혼신의 노력을 다한다면 어떤 희망이 있는 것인가를 두고 고민하게 된다. 인생의 절반인 조직 속에서의 삶을 헛되게 보낸다면 인생 전체가 공허할 수 있기 때문이다. 일의 주인인 임 간호사의 일하는 재미와 열정은 훌륭한 간호사가 되겠다는 자신의 꿈이 몸담고 있는 S병원에서 실현될 수 있다는 확신에서 나온다.

S병원의 조직 비전은 '환자중심의 통합진료로 신뢰받는 국민의 병원'이 되는 것이다. 통합진료는 환자중심의 진료시스템으로 전공과목이 각기 다른 몇 명의 경험 있는 전문의들이 한 진료실에 동시에 모여서 한 명의 환자를 정성껏 진료하는 것을 말한다. 이는 환자를 단순한 간호기술의 차원을 넘어 지극한 정성으로 간호함으로써 건강 회복 속도를 높이고 존경과 신뢰받는 간호사가 되고자 하는 임 간호사의 의미 있는 꿈과 맥을 같이한다. 매일 환자를 사랑으로 정성껏 돌보는 그녀의 일하는 재미와 열정은 자신의 삶의 가치와 조직의 추구가치가 한 방향으로 정렬되어 나타나는 태도와 행동인 것이다.

어느 조직에서나 의미 있는 비전은 존재한다. 문제는 그것이 구성원들이 원하는 가치 있는 조직 비전이냐, 또 그것을 얼마나 마음속에 간직하면서 이루어 내느냐 하는 것이다. 의미 있는 조직 비전과 많은 전략들이 존재하지만 정작 구성원들의 마음 가운데 품고 있는 나름의 꿈으로 연결되지 않는다면 모든 것이 공허한 메아리로 들릴 수 있다. 일을 통한 즐겁고 가치 창조적인 학습의 열정이 계속해서 나오기가 어렵다. 일하는 재미와 열정은 매일의 일들이 자신의 의미 있는 꿈과 정확히 연계되어 수행될 때 크게 일어날 수가 있는 법이다.

조직의 비전이
바로 나의 꿈이다

　　　　　의미 있는 조직 비전은 누구의 압력에 의해서가
아니라 스스로 나서게 만든다. 소속된 조직에서 미래에 어떤 나름
의 꿈을 가지고 열정적으로 노력을 해야하는 이유와 가치창조적인
행동의 방향을 명확히 해주기 때문이다. 구성원들의 생각과 행동
들을 한 방향으로 모으고 변화와 혁신 과정에 따르는 고통과 어려
움들을 스스로 이겨내게 하는 위력을 가진다. 그러나 실제로 조직
비전이 '나와는 별로 상관이 없다' 는 식으로 인식되어 공감하지도
않고 실현되지도 않는 경우가 많다. 이른바 액자 속의 비전으로,
그 가장 큰 원인은 조직 비전과 많은 전략들이 구성원 개인의 의미
있는 꿈과 일다운 일들로 연결되지 못하고 있기 때문이다. 따라서
먼저 조직 비전이 자신에게 어떤 의미가 있는지를 스스로 찾아서
느끼는 노력이 필요하다. 즉 회사 혹은 부서의 비전을 개인 자신의
꿈과 연결하는 일이다.

　만약 어떤 회사의 비전이 '글로벌 초일류 기업으로의 도약' 이라
면 소속된 부서의 비전도 글로벌 역량을 갖춘 내용(글로벌 마케팅, 글
로벌 교육부서 등)이 되어야 할 것이고, 구성원 개인의 꿈도 경쟁사의
직원들보다 몸값(시장가치)이 더 큰 글로벌 수준의 역량을 갖는 직
원으로 설정하여야 하며, 동시에 그 실현을 위한 구체적인 목표(명
품개발 수, 연봉수준 등)를 스스로 설정해서 노력해야 하는 것이다. 이

와 같이 전사-부서-개인 차원에서 가치의 한 방향 정렬상태를 이루게 될 경우 일하는 재미와 열정이 크게 일어나서 조직비전과 자신의 꿈이 동시에 실현될 가능성이 높게 된다.

일의 주인인 슈퍼 직장인은 의미 있는 조직비전과 자신의 꿈이 정확히 연계된 상태에서 도출한 일들을 통해서 나름의 의미 있는 꿈(=삶의 청사진)을 실현시켜 나간다. 조직 비전이 바로 나의 꿈이다. 하지만 통상 일의 노예인 '그저 그런' 봉급쟁이 직장인은 자신의 꿈과 조직비전이 정확히 연결되지 않은 상태에서 그저 허둥지둥 일을 하는 경우가 많다. 이른바 매일 재미없이 열심히 일하는 척하는 부지런한 게으름뱅이다. 조직 비전 따로, 나의 꿈 따로다.

낡은 일에서
'일다운' 일로

의미 있는 조직 비전에서 창출된 일들이야말로 일하는 재미와 열정을 불러일으키고 가진 역량을 비전실현 한 방향으로 집중시켜 구성원 개인의 몸값과 조직 가치를 동시에 증대시키는 매개변수가 될 수 있다.

조직 속에서 직장인이 하는 일의 종류는 크게 두 가지로 나누어 볼 수가 있다. 의미 있는 꿈과 연계된 '일다운' 일과 그렇지 않은 '낡은 일'이다. 낡은 일이란 과거에 수행했거나 지금까지 늘 해오고 있는 통상적인 일들이다. 성공 가능성이 높아 큰 노력을 요하지는 않지만 경쟁이 치열한 일들이라고 할 수 있다. 조직에 반드시 필요한 일이지만 그렇다고 눈에 띄게 더 나은 가치증대를 가져오는 일은 아니다. 그리고 개인 자신들의 몸값을 신장시키는 것과도 별로 관련성이 적어 관심과 흥미를 갖지도 않는다. 쉽게 말해 조직이나 개인 발전에 크게 영향을 주지 못하는 소위 영양가가 별로 없는 일들이라고 할 수 있다. 통상 나름의 의미 있는 꿈이 없이 본전 치기에만 관심을 갖는 일의 노예들이 선호하는 일들이라고 할 수 있다.

반면에 '일다운' 일은 개인 자신의 역량향상을 통해 조직 가치증대와 자신의 꿈을 실현시킬 수 있는 일들이라고 할 수 있다. 크게 관심과 흥미를 가지며, 일하는 재미와 학습 열정이 일어나게 만드는 매력적인 일감들이다. 그래서 자신들의 직무수행 과정에서 가치창조를 통한 성장의 속력이 크게 높아짐을 느낄 수 있게 되는 경우다. 간호직무의 경우, 매시간 주사와 약물투입 후의 환자 반응 상태를 세심히 관찰하고, 그 결과를 제때에 피드백함으로써 환자의 회복 속도를 더한층 높이려는 노력들이라 할 수 있다.

그리고 규정상 본연의 역할과는 관계가 없거나 비교적 적은 일들도 포함된다. 비록 귀찮고 힘이 드는 작은 행동들로 보이지만 실제로는 가치 창조적인 일다운 일에 속한다. 예를 들면 S병원의 임 간호사가 환자의 가족관계, 고민사항, 기타 불안한 심리상태 등에 대한 부분까지 간호직무 수행의 범위를 넓히는 경우다. 이러한 일다운 일들은 간호직무의 질을 높이고 동료 간호사들과 차별화할 수 있다. 의미 있는 꿈을 실현하기 위해 항상 더 나은 가치창조에 크게 관심을 갖는 일의 주인들이 선호하는 일들이라고 할 수 있다.

일의 노예는 상대적으로 가치가 낮은 낡은 일들의 효율성 제고에만 관심을 갖지만, 일의 주인은 나름의 의미 있는 꿈과 연계된 일다운 일들의 효과성 제고에 더욱 심혈을 기울인다. 낡은 일 중심의 일자리 나누기에서 일다운 일 창출과 더 나은 가치창조로 변화해야 한다. 늘 해오던 낡은 일도 필요는 하지만 일하는 재미와 열정을 드높이는 요소가 될 수는 없다. 누구나 일다운 일을 스스로 찾아내어 매진할 때 일이 더 재미있는 법이다.

일다운 일과
역량개발 로드맵은 한 방향이다

조직 비전과 개인 자신의 의미 있는 꿈을 연계시켜 창출한 일다운 일들이 자신의 역량향상과 높은 성과 창출로 이어지지 못하면 심각한 문제가 생긴다. 조직 비전을 아무리 강조해도 자신의 삶과 무관한 것으로 느끼게 되어 맡은 직무수행에 대한 몰입도가 떨어지고 관련 구성원들과의 협력적이고 헌신적인 자세도 일어나지 않게 된다. 적당히 근무하다가 어떤 기회가 주어지면 언제라도 다른 곳으로 떠나겠다는 소위 '나그네 마음' 을 갖게 되어 자신의 맡은 직무에서 소중한 의미를 찾기가 어렵고 일하는 재미와 열정이 크게 높아질 수가 없다.

따라서 일의 주인인 슈퍼 직장인은 자신의 꿈과 일다운 일에 연계된 역량개발 로드맵을 수립해서 구체적으로 실천해 나가는 노력을 하게 된다. 직무장인(명인, 명장 등)의 유형과 소요기간을 스스로 설정해서 조직 내외 학습 공동체(CoP), 교육, 세미나 등에 적극 참여하는 자율학습 활동들이다. 이런 일상이 습관화되면 구태여 조직의 비전을 생각할 필요가 없다. 일다운 일을 통한 자신의 꿈을 실현하는 데에만 몰두하면 된다. 의미 있는 조직 비전과 자신의 꿈이 정확히 연계되어 있기 때문이다.

S병원의 임 간호사는 훌륭한 간호사가 되겠다는 자신의 꿈과 연계된 역량개발 로드맵을 설정해서 매일 간호직무의 품질과 역량을 높일 수 있는 다양한 일들을 스스로 찾아서 수행하고 있다. 틈틈이 간호직무와 관련된 전문서적을 정기적으로 구독하고 있으며 그 바쁜 와중에도 간호학 석사 과정을 밟고 있다. 실무 경험과 이론적인 다양한 관련 지식들을 동시에 높이는 역량향상에 열정을 쏟는다. 나름의 의미있는 꿈을 실현하기 위해서다. 비록 몸은 바쁘고 피곤하지만 매일의 일들이 마냥 즐겁고 보람이 있다고 말한다.

직장인의 진정한 즐거움과 행복은 자신의 꿈을 실현하는 데에서 얻어질 수 있으며, 자신의 밝은 미래가 구체적으로 보일 때 지금 하고 있는 일에 학습 열정을 쏟게 되는 법이다. 그래서 자신의 역량향상 속도를 느끼게 될 때, 일의 주인이 되어 일하는 재미와 열정이 크게 일어나 비로소 조직 비전과 자신의 꿈이 동시에 실현될 수 있게 된다.

2부

일,
어떻게 해야
더 즐거운가

조직에서 구성원들이 하는 일과 역할은 몸담고 있는 조직비전이나 자신들의 꿈과 연계되어 있다. 그래서 각기 중요한 가치와 의미를 갖는다. 조직에서 일어나는 모든 일들은 결코 남의 일이 아니다. 일하는 재미와 열정의 강도를 더 높여 반드시 성공적으로 완수해야만 하는 나의 일인 것이다. 그래서 조직 속에서 맡은 역할 수행과 관련된 일들은 '그저 그런' 단순한 일이 아니라 막중한 책무라는 올바른 인식과 자세가 요구되는 것이다. 하지만 일의 노예가 되어 자신이 맡은 책무의 소중한 의미를 깊이 인식하지 못한 상태에서 어쩔 수 없이 그저 허둥지둥 열심히 일하는 척하는 직장인들이 많다. 그러면 일하는 자세가 어떨 때 일이 더 재미가 있게 되는 것일까?

1 전체 묶음 단위로 일하라

- 재미와 열정이 높아진다

직장인은 자신의 맡은 직무를 한 부문의 토막 단위가 아닌 조직 전체 차원의 묶음 단위로 바라보고 수행해야 한다. 그런 자세와 행동에서 직무의 소중한 의미를 더 깊이 인식할 수 있는 여지가 생기고, 일하는 재미와 열정은 더 크게 높아질 수가 있다. 의미 인식은 좀 더 전향적인 행동으로 나아가게 하는 힘을 갖기 때문이다. 토막 단위보다 묶음 단위로 일할 때 일이 더 재미가 있는 법이다.

P사의 심 팀장은 과거 재직 시에 회사 내외에서 유능한 설계 엔지니어로 명성이 높았다. 그가 설계한 공장들이 가동 후에도 큰 보완투자가 없이 최고의 경쟁력을 자랑하면서 회사의 이익창출에 계속 기여해 오고 있기 때문이다. 그에게는 평소 남다른 직무수행 자세와 행동이 있었다. 공장설계와 설계 후의 가동 부문을 분리하지 않는 자세와 행동이다. 설계 직무의 완성을 설계 후의 공장 가동 단계까지로 보고 그 과정에 관련되는 모든 일을 자신의 직무 관여 범위로 여긴다. 즉 자신이 맡은 설계 자체에만 집중하는 것이 아니라 일의 주인이 되어 설계 시작단계에서부터 조업까지를 하나의 묶음 단위로 수행하는 패턴에 습관화되어 있다. 이런 자세와 행동을 통해 설계직무의 소중한 의미를 깊이 인식하게 되고 갈수록 일하는 재미와 열정은 더 높아지게 된 것이다.

하지만 P사에는 심 팀장과는 다른 자세와 행동을 가진 설계 엔지니어도 있다. 설계 시에 회사의 장기 성장잠재력을 생각하기보다 어떤 방법으로든지 단기간 내에 자신의 업적을 올려 상사로부터 높은 평가를 받아 승진하는 데에만 신경을 쏟는 박 팀장의 경우다. 그는 지나치게 규정에 정해진 자신의 설계 업무에만 치중하는 자세를 가짐으로써 관련 부서나 직원들과 자주 다투는 경우도 많다. 설계 후의 운영 상황을 크게 생각하지 않고 일한다. 그리고 직무수행의 초점을 가능한 과거에 설계해서 이미 가동되고 있는 공장의 내용대로만 설계하는 데 둔다. 한 번 운영을 해 본 경험이 있어 그것이 가장 안전한 방법이란 것을 알기 때문이다. 이런 소극적인 자세와 행동으로는 일하는 재미와 열정이 더 높아질 수가 없다.

이것은 통상 일의 노예인 '그저 그런' 봉급쟁이 직장인들이 취하는 전형적인 자세와 행동이다. 조직에서 공식적으로 규정화되어 있는 자신의 일만 충실히 하는 것으로 만족한다. 그리고 항상 우리 부서나 자신에게 주어진 일도 바쁜데 남의 일에 신경을 쓸 겨를이 없다고 말한다. 그들의 전형적인 화법이다. 겉으로는 성실한 것처럼 보이지만 조직의 모든 일이 자신의 일과 밀접하게 연관되어 있음을 느끼지 못한 상태에서 일을 한다. 때문에 조직 내에 각 집단 간의 업무 경계선상에는 어렵고 힘든 일, 소위 골치 아픈 문제들이 생겨나고 아무리 회의를 하여도 미해결 상태로 남게 된다. 그 해결을 위해 겉으론 많은 시간과 노력들(잦은 회의 등)을 쏟는다. 하지만 가능한 회피코자 하는 이기적인 사고 때문에 결국 조직에 보이지 않는 손실을 발생시키는 구조적인 문젯거리가 되고 마는 것이다.

이러한 문제들의 근본 원인은 구성원들이 각자 맡은 직무를 조직 전체 차원에서 하나의 묶음 단위로 인식하고 수행하는 자세와 행동이 습관화되지 않았기 때문이다. 오로지 자신의 맡은 직무만을 바라보고 일하는 것은 조직의 가치증대라는 전체 차원에서 볼 때 큰 의미가 없다. 심 팀장과 같이 자신이 맡은 직무수행을 한 부문의 토막 단위가 아닌 전체 차원의 묶음 단위로 바라보는 자세와 행동에서 직무의 소중한 의미를 더 깊이 인식할 수 있고 일하는 재미와 열정을 드높이는 여지가 생길 수 있게 된다. 이런 경우는 어느 직업이나 직무에서도 일어날 수가 있다.

일하는 재미를 더 높이는
직무 의미 인식

        사람은 누구나 어떤 조직 속에서 많은 타인들과
더불어 살아가야만 하는 사회적 존재다. 곧 개인은 조직 전체 속에서 중요한 하나의 부분으로서 상호 연결되어 작용하는 존재라는 뜻이다. 그래서 직장인들은 자신의 개념을 정의할 때 반드시 더 큰 존재와의 연결성 측면에서 본다. 이런 이유로 일의 주인이 되면 조직 속에서 맡은 직무를 자신과 타인들의 행복한 삶을 함께 생각하는 개념으로 인식하게 된다. '그저 그런' 단순한 일이 아니라 매우 소중한 의미(가치)를 갖는 일로 여긴다.

  일의 주인인 P사의 심 팀장은 몸담고 있는 회사에서 일을 하는 궁극적인 동기가 단지 돈을 벌기 위한 것도 아니요, 높은 지위를 획득하기 위한 것도 아니었다. 자신의 맡은 직무를 몸담고 있는 회사 경쟁력 유지에 기반이 되는 소중한 의미로 인식하고, 그 실현을 위해 열정을 쏟았다. 설계직무 자체의 가치실현을 통한 성취감에 더 큰 비중을 둔 것이다. 일의 노예가 되어 오로지 자신이 맡은 설계 부문만을 바라보고 단기간 내에 업적을 올리는 데만 관심을 갖는 박 팀장과는 일을 보는 시각과 인식이 크게 다르다. 조직 속에서 맡은 직무의 소중한 의미를 스스로 인식하게 될 때, 일하는 재미와 열정은 더욱 크게 일어나게 되는 법이다. 스스로의 의미 인식은 좀 더 전향적인 행동으로 나아가게 하는 힘을 갖기 때문이다.

일을 묶음 단위로
수행해야 하는 이유

일의 주인인 P사의 심 팀장은 자신의 설계직무를 조직 전체 차원에서 하나의 묶음 단위로 생각하며 수행하는 자세와 행동이 습관화되어 있다. 규정상에 정해진 자신의 맡은 설계부분에만 집착해서 열심히 일하는 박 팀장과는 다르다. 자기 주도적으로 자신의 설계직무 수행영역에 관계되는 주변의 일들(기술개발, 건설품질, 소요 투자비, 공장가동의 효율성 등)을 적극적으로 고려해서 하나의 완성된 프로젝트를 이루어 내는 자세다. 이 영역에서 설계업무와 관련된 또 다른 일의 가치가 창출되고, 조직 내에서 어떤 직무를 맡아도 빠른 시간에 수행 가능한 역량이 길러질 수 있게 된다. 그것이 자신의 몸값을 높여 조직에 없어서는 안 되는 독보적인 존재, 타 조직에서도 알아주는 설계분야의 명인이 되게 만든 것이다. 이런 경우는 어느 직업이나 조직 내 어떤 직무에서도 일어날 수 있다.

심 팀장은 P사를 떠나 어떤 회사에 가서도 곧바로 성공적인 설계직무 수행이 가능한 슈퍼 직장인이 될 수 있다. 조직 전체를 볼 수 있는 시각과 역량을 갖게 되어 어떤 직무를 맡아도 묶음 단위 수행방식이 습관화되어 있어서 적응력이 매우 빠르기 때문이다. 혹시 조직의 뒷전으로 밀려나지 않을까, 구조조정의 교체멤버 대상이 되지는 않을까 걱정할 필요가 전혀 없다. 하지만 일의 노예가 되어 자신이 맡은 한 부문만을 바라보고 매일 불안한 마음으로 재미없이 일하는 직장인들이 많다. 전체 묶음 단위로 바라보는 자세와 행동이 일하는 재미와 열정을 더 높일 수 있는데도…….

일하는 재미를 약화시키는
회의나 보고

각종 회의나 보고의 방식과 내용을 보면 조직 구성원들의 직무수행 자세가 토막(부문) 단위인지, 묶음(전체) 단위인지를 쉽게 파악할 수 있다. 직장생활을 하다보면 자신이 해야 할 일도 많은데 어쩔 수 없이 관련부서 회의에 참석을 하는 경우가 많다. 어떤 때는 상사나 타 동료 직원 대신으로 준비 없이 참석해서 자리만 채우고 앉아 있다가 나오기도 한다. 특히 인터넷이 발달되지 않은 과거에는 관련부서의 직원들을 불러 모아서 단순한 정보 전달을 위한 회의도 많았다. 그야말로 재미없는 회의나 보고다.

간혹 CEO(혹은 조직의 인사권자) 주재 회의에는 철저히 준비를 해서 보고도 하고 피드백을 받는다. 하지만 오로지 자신의 업무 보고에만 신경을 쓰지 남의 업무 보고에는 크게 관심을 갖지 않는다. 자신이 맡은 직무수행과 직, 간접적으로 연관되어 있어 결코 남의 일이 될 수가 없는 회의와 보고들인데도 그렇다. 오로지 자신이 맡은 직무에만 집착해서 일하는 자세와 행동이 습관화되어 나타나는 현상이다. 이는 맡은 직무를 전체 묶음 단위로 수행하지 않으며 업적에 대한 공정한 평가도 되지 않을 때 나타나는 하나의 사례다.

그런데 여기에서 간과해서 안 될 사항이 하나 있다. 바로 회의 및 보고의 코스트 문제다. 직급에 따른 시간당 급여를 기준으로 월간, 연간 회의비용을 환산하면 엄청날 것이기 때문이다. 이는 계상計上되지도 않고 보이지도 않는 조직상의 손실이다. 특히 직급이 높은 임원이나 부장, 실장들이 자신의 높은 회의비용을 인식하지 못하는 경우가 많다. 더욱 큰 문제는 이런 비생산적인 회의나 보고의 현상을 자주 목격하거나 경험하게 될 때 일하는 재미와 열정이 크게 약화될 수가 있다는 점이다. 그것은 회의나 보고의 의미(가치)를 찾을 수가 없기 때문이다.

토막(부분) 단위에서
묶음(전체) 단위로

조직 속에서 직장인들이 하는 일들과 역할은 조직의 비전과 자신들의 꿈이 상호 연계되어 있어서 각기 중요한 의미를 갖는다. 결코 남(그들)의 일들이 아니라 반드시 성공적으로 완수해야만 하는 나(우리)의 일들인 것이다. 그래서 조직 속에서 맡은 역할수행과 관련된 일들은 '그저 그런' 단순한 일이 아니리 막중한 책무가 되어야 한다. 이것이 묶음 단위의 직무수행 자세와 행동이 필요한 근본적인 이유다.

이 묶음 단위 직무수행은 맡은 직무수행의 범위를 조직 전체 차원으로 스스로 확대해서 그 의미를 새롭게 형성해 보는 노력이다. 즉 직무규정에 구속 되지 않고 나의 일과 남의 일의 연결 활동을 말한다. 쉽게 말해 조직에서 일어나는 모든 문제들을 남(그들)의 일이 아니라 마땅히 해결해야 할 나(우리)의 일로 여기는 사고와 자세로 바꾸는 노력, 이른바 직무 인지 영역 확대해 보기다.

먼저 맡은 직무의 의미를 조직 전체 차원에서 인식하고 스스로 재설정해 보는 데에서부터 시작한다. 자신의 직무를 조직 비전 및 목표와의 연관성 측면에서 이해한 후에 조직 전체 차원에서 최대의 효과를 내기 위한 직무수행 범위와 내용을 구체적으로 정리해 보는 노력이다. 이를 통해 단순한 직무가 아닌 막중한 책무로 인식하게 된다. 예를 들면 P사 심 팀장의 역할은 단순한 공장 설계자에서 막중한 회사의 가치창조자로 바뀌게 되는 것과 같다. 그다음은 자신이 재설정한 직무역할을 수행함에 있어서 관련된 타 조직이나 구성원들과의 업무협조 사항들을 정리해 보고 그 효과적인 추진방안(누구와 언제 어떻게 추진할 것인가)을 강구하는 노력을 한다. 마지막으로 이렇게 스스로 재설정한 직무에 기초해서 더 나은 가치창조 활동(과제 형태나 수의 변경, 과제 수행방법)을 적극적으로 전개하는 세 단계 연계프로세스다.

이러한 묶음 단위 직무수행 노력은 자신의 직무수행 역량이 향상됨과 동시에 가치창조의 기회가 확대되어 일하는 재미와 열정이 더욱 높아질 수가 있다. 무엇보다 직무수행 경계선상에 상존하는 골치 아픈 문제들을 없애고 조직 내에 어떤 직무에서도 업무 공백이 생기지 않게 하는 근본적인 방법이 될 수가 있다. 담당자가 자리를 비울 경우(휴가, 출장 등)에도 조직 내에 대신할 멤버들이 있기 때문에 걱정할 필요가 없게 된다. 나는 이것을 묶음 단위 직무수행의 승수효과라고 부른다. 자신의 맡은 직무를 규정대로 열심히 수행하는 노력도 반드시 필요하지만, 그것이 일하는 재미와 열정을 더 높여서 자신의 역량(몸값) 향상을 통한 조직가치 증대와 나름의 의미있는 꿈을 실현하는 충분조건이 될 수는 없다.

2 | '하겠다'라는 자세로 일하라
- 과업 수행이 빨라진다

조직 속에서 어떤 새롭고 참신한 일을 나름대로 구상해서 추진하게 될 경우에는 안주의식에 젖어있는 반대세력에 자주 부딪치게 되어 있다. 하지만 이에 굴하지 않고 정면 돌파할 때만이 과업수행의 속도를 높여서 남다른 성과창출이 가능한 법이다. 그것은 "누가 이렇게 하라고 하더라."가 아니라 "나는 이렇게 하겠다."라는 적극적인 자세로 일할 때 직무수행의 책임 의식과 일하는 재미와 열정이 크게 일어나기 때문이다. '하겠다'라는 자세로 일할 때 일이 더 재미가 있다.

P사의 심 팀장은 어느 날 한 인터뷰에서 자신의 설계직무 수행의 어려움에 대해 이렇게 말하고 있다.

"그동안 저는 최신예 기술들을 파악하여 공장설계에 반영하기 위해 노력하였지만 어려움도 많았어요. 무엇보다 최신 기술을 설계에 반영하는 위험을 감수하지 않으려는 상사나 동료, 현장 조업 직원들을 설득하는 데 인내가 필요했기 때문입니다. 그들이 완강하게 거부하는 프로젝트를 추진하기란 정말로 힘들었어요. 결국 '내가 설계한 공장은 내가 운영하겠다' 라는 나름의 소신과 주장을 관철시켜 완성하게 되었습니다. 좋은 공장 설계는 어느 날 단기간에 완성되는 것이 아닙니다. 공장설계 프로젝트의 성공은 시작에서 완성까지 관계되는 모든 일들에 평소 관심을 가지고 깊이 관여할 때 가능한 것이지요."

그는 일의 주인이 되어 최신예 기술이 접목된 자신의 설계구상에 대해 확고한 소신을 가지고 열심히 일했다. '나는 이런 이유로 이렇게 하겠다' 라는 확신에 찬 직무수행 자세다. 이것이 조직 내에 많은 사람들의 반대에도 불구하고 그의 계획을 성공적으로 실현시킬 수 있었던 핵심요소였던 것이다. 하지만 어떤 사안에 대한 소신은 어느 날 갑자기 생기는 것이 아니다. 성공할 수 있다는 확신에 찬 소신은 평소의 끊임없는 학습 노력이 뒷받침되어야만 하고, 또 장래의 일에 대한 책임 의식에서 나오게 되는 법이다. 여기에서 일하는 재미와 열정은 더 크게 일어날 수 있게 된다.

하지만 P사의 박 팀장과 같이 일의 노예가 되어 지금까지 해왔던

무난한 방식대로, 상사가 시키는 대로 기교적인 업무에만 열중하면서 이에 만족하는 '그저 그런' 직장인들도 많다. 특별한 노력이 필요치 않을뿐더러 만약 앞으로 문제가 생겼을 경우에 책임회피의 근거가 될 수 있으며, 또 머지않아 다른 부서로 이동하거나 다른 직무를 맡을지도 모르기 때문이다. 나름의 논리가 없이 안일하고 소극적인 자세에 사로잡혀 있어서는 맡은 책무의 중요성을 깊이 인식하기가 어렵고 직무수행의 책임 의식과 일하는 재미와 열정이 일어날 수가 없다. 조직이 하라는 대로(변화주체), 지금까지 하던 대로(변화 자세), 남들이 하던 대로(변화방식)의 안이한 과거 답습의 학습방식이 될 가능성이 매우 높다.

　조직 속에서 어떤 새롭고 참신한 일을 나름대로 구상해서 추진하게 되는 경우에는 안주의식에 젖어 있는 반대세력에 항상 부딪치게 되어 있다. 그러나 P사의 심 팀장과 같이 소신을 가지고 그것에 굴하지 않고 정면 돌파하지 못하는 경우가 많다. 그것은 자신의 아이디어가 자신과 조직 모두의 성장, 발전을 가져오게 한다는 확신이 없기 때문이다. "누가 이렇게 하라고 하더라."가 아니라, "나는 이렇게 하겠다."라는 자세로 일할 때 일하는 재미와 열정이 더욱 크게 일어나는 법이다.

삼인칭 화법에서
일인칭 화법으로

"사돈 장에 간다니까 거름지고 따라간다"는 속담이 있다. 자신은 일하기 위해 밭으로 가야 하는데 사돈 따라서 엉뚱한 시장에 가게 되는 경우로, 부화뇌동附和雷同한다는 뜻이다. 뚜렷한 소신이 없이 남이 하는 대로, 혹은 누가 하라는 대로 따라하는 것을 말한다. 맡은 직무에서 어떤 소중한 의미를 찾지 못하고 조직의 비전이나 정책에 대해서 나름의 논리가 없이 비본질적인 주변 상황에 맞추는 데에만 급급한 태도를 취하는 경우라 할 수 있다.

이런 직장인들은 주로 삼인칭 화법을 사용하면서 자신의 행동을 합리화한다. 즉 "모사가, 회사가, 상사가 이렇다고 하더라! 이렇게 하라고 하더라!"라는 삼인칭 화법이다. 오로지 회장, 사장이나 모사의 지시에만 충실할 뿐 실무부서나 실무책임자, 계열사 나름의 판단과 주장이 전혀 없다. 누군가 조작하는 대로만 따라서 움직이는 로봇과 같다고나 할까? 진정한 일의 즐거움과 열정이 일어나지 않는 경우다.

2016년 3월 인간 지능을 가진 알파고와 이세돌과의 세기의 바둑대전 제4국에서 패한 알파고가 던진 마지막 한마디, 'Alphago resigns'와 동일한 화법이다. 이세돌의 78수에 알파고가 돌을 던지며 하는 이 말은 "이 대국은 내가 졌다, 나는 너에게 항복한다."가 아니라, "짜 놓은 패턴대로 더 이상 못 하고 포기한다, 그러니 이 제 그만 두겠다."라는 뜻이다. 전자는 이번에는 내가 이런 이유로 졌지만 다음에는 노력해서 이기겠다는 자신의 의지와 각오가 들어 간 일인칭 화법이지만, 후자는 나는 누군가가 시키는 대로 더 이상 못 하겠다는 삼인칭 화법이다. 알파고는 인간이 만든 프로그램의 틀에 의해서 움직이는 로봇에 불과하기 때문이다.

아무리 바둑을 열심히 잘 둔다(일을 열심히 잘 한다)고 하더라도 이 미 형성되어 있는 틀(관행)에만 속박되어 있지, 자신이 스스로 '더 나은' 새로운 방안을 강구하려는 의지와 노력이 없는 바둑(일)의 노예에 불과한 것이다. 따라서 하고 싶어서 열심히 일하는 일의 주 인은 일인칭 화법을, 어쩔 수 없이 열심히 일하는 척하는 일의 노 예는 삼인칭 화법을 주로 사용한다. 일인칭 화법을 사용할 때 일하 는 재미와 열정은 더 높아질 수 있다.

예스맨 부하에서
경영자 입장으로

나는 리더십이 리더와 부하(추종자) 간의 쌍방향 영향력을 행사하는 과정이라는 개념에 크게 주목한다. 잘 이끄는 자가 있으려면 잘 따르는 자도 있어야 한다는 것을 의미하기 때문 이다. 비록 부하가 리더의 영향력을 받는 위치에 있지만 필요할 때는 리더에게 영향을 줄 수 있어야 한다는 뜻이다. 따라서 리더에게 영향을 주지 못하고 단순히 복종만 하는 예스맨이라면 부하다운 진정한 부하라고 할 수가 없다. 진정한 부하는 P사의 심 팀장과 같이 자신이 맡은 직무의 소중한 의미를 깊이 인식하고 확고한 소신을 가지고 최고 경영층이나 상급자에게 자신의 올바른 의견을 제시하면서 영향력을 행사하는 슈퍼 부하를 말한다. 일하는 재미와 열정이 일어날 수 있는 곳이다.

하지만 오늘날 일의 주인인 슈퍼 부하는 드문 것 같다. 리더가 일방적으로 시키는 대로만 열심히 수행하는 그저 그런 부하들이 많다. 글자가 의미하는 바대로 철저하게 부하 입장만을 고수한다. 그리고 주로 삼인칭 화법 '하더라' 를 사용한다. 일의 주인이 아니라 일의 노예적인 태도가 습관화되어 버렸기 때문이다. 간혹 어쩌다가 문제가 발생하면 조직이나 리더의 탓으로 돌리는데 익숙해져 있고, 결과에 대한 책임 의식도 없다. 일에 대한 강한 열정과 조직 활력이 일어나지 않게 된다.

그런데 리더에 영향을 주는 슈퍼 부하가 되려면 평소 직무를 수행함에 있어 조직 전체 차원에서 판단하고 행동할 때 가능하다. 경영자적 입장이 되는 것을 뜻한다. 이럴 경우 전체 조직에 기여하지 못하는 부문의 일이 발견될 수가 있고 또 이를 과감하게 제거해 나가는 노력들이 뒤따를 수 있게 된다. 모든 것을 리더의 역할(몫)과 책임(탓)으로만 돌리려는 한 방향 사고는 크게 잘못된 것이다. 이런 개념에서 보면 CEO 같은 팀장이나 팀원, 대통령 같은 장관이나 비서관이어야 부하다운 진정한 부하, 슈퍼 부하다. '예스맨' 부하에서 경영자 입장이 될 때 일하는 재미와 열정은 더 크게 일어날 수가 있다.

일하는 재미와 열정을 높이는
직무 자긍심

직장인들은 누구나 조직 속에서 자기 자신이 중요한 일을 해냈다는 것을 느끼며 평가받고 싶어 한다. 쓸모없는 존재가 되는 것을 싫어한다. 바로 직무 자긍심이다. "내가 하는 일이 조직이나 많은 사람들의 장래에 긍정적인 영향을 주는 의미 있는 일이다."라는 인식이다. 이것은 어떤 상황에서도 부화뇌동하지 않고 소신껏 열심히 일하는 자세와 성과 창출에 영향을 주는 선행요소가 될 수 있다. P사 심 팀장이 최신예 기술의 성공 가능성에 대해 나름의 소신을 갖고 열정을 쏟은 것도 자신의 설계직무가 회사 경쟁력의 초석이 된다는 높은 직무 자긍심이 근원이었다.

우리나라에서 '의미 있는 직무 자긍심'이 높은 조직체 중의 하나가 과거의 포스코(구 포항제철)다. 자신들이 맡은 직무수행 결과가 국가경제 발전에 중대한 영향을 미친다는 사실을 깊이 인식하고 어떤 어려운 상황에서도 소신껏 열정적으로 일했기 때문이다. 그 결과 세계 철강 역사상 가장 짧은 기간에 최고의 경쟁력을 가진 제철소를 만들어 낼 수 있었던 것이다. '나는 매우 의미 있는 일을 수행하고 있다' 라는 직무 자긍심이 소신을 갖게 하고 일하는 재미와 열정을 드높이는 요소가 될 수 있다.

일하는 재미와 열정을 높이는
과업수행 출사표

조직 속에서 직장인이 자신의 일에 대해 나름의 논리와 주장을 펴면서 언제, 어떤 상황에서도 흔들리지 않고 소신껏 일하기란 현실적으로 어려운 경우가 많다. 다시 말해 "누가 이렇게 하라고 하더라."가 아니라 "나는 이런 이유로 이렇게 하겠다."라는 일인칭 화법을 습관화하는 일이란 그렇게 쉽지 않다는 이야기다. 왜냐하면 그것은 마음의 뿌리(가치관과 신념, 정신과 의식)인 본질의 변화와 관련된 것이기 때문이다.

더구나 오래도록 위계조직 속에서 수동적인 자세가 몸에 배어 있는 사람에게는 더욱 어렵다. 때문에 굳은 각오와 결연한 행동을 타인들에게 공개적으로 보여주는 특별한 방법이 효과적일 수가 있다. 의미 있는 과업완수를 위해 과감한 출사표를 먼저 던져놓고 보는 의도적인 요법인 선 행동, 후 태도변화 방식이다. 갈수록 자신도 모르게 점차 적극적인 태도로 바뀌면서 일하는 재미와 열정이 더욱 크게 일어날 수가 있게 된다. 매우 의미 있는 과업완수를 위해 보여준 출사표이기 때문이다.

과거 포스코의 창업 및 초기 건설요원들이 보여준 과감한 출사표가 하나의 사례다. 그들은 어느 날 일관제철소 건설 사업에 목숨까지 내거는 비장한 각오와 자세를 공개적으로 만천하에 보여주었다. 만약에 일관제철소 건설 사업이 실패로 돌아간다면 역사의 죄인으로 죽음을 각오해야 한다는 것, 그리고 죽는다고 해서 그 죄가 없어지는 것도 아니니 실패할 수도, 실패해서도 안 된다는 굳은 결의에 찬 출사표였다. 몇 사람의 사표나 퇴진만으로 끝나는 것이 아니고 모두가 '우향우'해서 포항 영일만 바다에 빠져 죽어야 한다는, 이른바 그들이 말하는 '우향우 정신'이다.

그날 이후 그들은 회사가 어려움에 처할 때마다 자신에게 주어진 국가적 과업을 회피할 수 없는 생의 소명으로 받아들였다. 그러면서 소임완수를 위한 결의에 찬 모습을 한시도 잃지 않았다고 한다. 모두가 '제철보국'(과거 포스코의 조직비전)이 더이상 조직이 부여한 비전이나 과업이 아니라 자신의 의미 있는 꿈과 연결된 생애 과업으로 생각하고 소중한 목숨까지 걸겠다는 무서운 자세로 바뀌게 되었다. 어쩔 수 없이 열심히 일하는 척하는 괴로운 열정이 아니라, 스스로 하고 싶어서 열심히 일하는 즐거운 열정이 계속 일어나게 된 것이다. 그야말로 지칠 줄 모르는 일하는 재미와 열정의 극치다.

그것은 자신들이 맡은 직무가 단순한 '그저 그런' 일이 아니라 많은 사람들에게, 그것도 장기적으로 긍정적인 영향을 주는 매우 의미 있는 일이라는 사실을 깊이 인식했기 때문이다. 맡은 직무에 대한 강한 주인의식과 책임 의식이 모르는 사이에 몸에 깊이 자리 잡게 되었던 것이다. 지금도 그들이 남긴 의미 있는 삶의 흔적들을 들여다보면 '제철보국'의 소명감에 기초한 '우향우 정신'의 위력을 생생하게 확인할 수가 있다. 단순히 외부에 보여주기 위한 한때의 쇼가 아니었다. 의미 있는 과업에 비장한 각오로 출사표를 던질 때 일하는 재미와 열정이 크게 일어나 성공적인 과업완수가 가능하다는 사실을 보여준 역사적인 사례다.

3 | 위기의식을 갖고 일하라
- 위기가 닥치지 않는다

직장인이라면 반드시 가져야 할 또 하나의 기본적인 자세는 위기의식이다. 아직 다가오지 않은, 몸 담고 있는 조직의 위기상황을 사전에 바라보고 이에 대비하는 노력이다. 그래야만 향후 발생할 수 있는 보이지 않는 예상문제들이 많이 발견될 수가 있다. 그리고 나름의 논리와 확고한 소신을 가지고 이 예상문제들의 해결에 집중할 때 일하는 재미와 열정은 더 크게 일어날 수가 있다. 닥친 위기극복을 위해 일할 때는 일이 괴롭고 재미가 없지만 다가오지 않은 위기의식으로 일할 때는 일이 즐겁고 재미있게 되는 법이다.

P사 심 팀장의 남다른 직무수행 자세 중의 하나는 강한 위기의식이었다. 현재 및 장래의 기술개발 상황을 면밀하게 조사, 검토해서 최신예 기술을 접합시키려는 적극적인 노력이었다. 그것은 공장가동 후에 발생할 수 있는 설비 진부화라는 위기상황을 사전에 방지함으로써 설비경쟁력의 우위를 지속적으로 유지하기 위해서였다. 즉 최신예 기술이 접합된 설비에서 생산되는 경쟁사들의 제품에 비해 상대적으로 경쟁력이 떨어져 공장을 가동하면 할수록 손실이 발생하게 되는 위기 현상을 사전에 방지하기 위한 것이었다.

그래서 평소 신기술 관련 정보에 대한 조사 연구 활동을 꾸준히 하였고 국내외 관련 기술개발 세미나에도 자주 참석을 했다. 향후 제조업의 경쟁력은 어떻게 미래의 최신 기술들을 설비에 접합시키는가에 크게 좌우될 것으로 보기 때문이다. 설계 후의 공장가동이 결코 남의 일이 아니라 나의 일로 생각한 것이다. 이는 설계 후의 공장가동 문제를 나의 일이 아닌 남의 일이라 생각하고 일한다면 위기가 올 수 있다는 뜻이기도 하다. 이런 경우는 어떤 직업, 조직 내 어느 직무에서도 일어날 수 있다.

위기는 만연된 안주의식에서 나타난 실제적인 현상이고, 위기의식은 아직 다가오지도 않았고 보이지도 않는 위기상황에 대한 인식도로서 위기 전의 원인 요소다. 그리고 강력한 행동적인 속성을 갖기 때문에 위기는 위기의식 수준의 강도에 따라서 생길 수도 있고 그렇지 않을 수도 있다. 이런 관점에서 위기의식은 맡은 책무의 성공적인 완수에 중요한 요소라고 할 수 있다. 일의 주인이 되어 자신의 소임을 다하는 심 팀장과 같은 슈퍼 직장인들은 항상 이 위기의식을 갖고 열심히 일한다. 일의 노예가 되어 우선 안정적이고 현상유지에만 급급한 나머지 조직에 막대한 기회손실과 조직병폐들을 초래하는 '그저 그런' 봉급쟁이 직장인들과는 크게 다르다.

이미 도래한 위기를 극복하고자 하는 행동은 어쩔 수 없이 하는 괴로운 일이 될 수 있지만, 아직 다가오지도 않은 조직 장래의 위기상황에 스스로 대비코자 하는 위기의식은 하고 싶어서 하는 즐거운 일이 될 수가 있다. 향후 발생할 보이지 않는 예상 문제들이 발견되고 그 해결과정에서 일하는 재미와 열정은 더 크게 일어날 수가 있기 때문이다.

위기극복에서
위기의식 함양으로

위기극복과 위기의식 함양은 사고와 대응방식이 상반된다. 일의 노예인 '그저 그런' 직장인은 평소에 복지부동하다가 위기가 닥쳐서야 급하게 수습하는 방식을 취한다. 경영이 선순환(호황)할 때 앞으로 닥칠 크고 작은 풍랑들을 보지 못하고 흥청거리다가 큰 위기 상황을 맞게 되는 경우다. 소위 앞을 내다보는 통찰력 부족과 안주의식으로 보다 합리적인 의사결정을 게을리함으로써 생기는 숨겨진 기회손실들이 많다. 결국에는 많은 비용과 노력이 소모되는 가장 무식한 대응적 위기극복 방법을 사용하게 된다.

하지만 P사의 심 팀장과 같이 일의 주인인 슈퍼 직장인은 잘 되고 있는 평상시에 향후 잘못될 경우를 대비해서 사전에 조치해 두는 방식을 취한다. 사업의 성숙기에서 경영이 선순환될 때 미리 위기에 대비하는 현명한 노력들을 한다. 언제 변화와 혁신을 시도해서 조직의 장기 안정적인 가치창출을 도모할 것인가에 심혈을 기울인다. 적은 노력으로 기회손실의 발생을 방지할 수 있는 선행적 위기의식 함양 방식이다.

나는 이러한 위기상황의 인식도와 대응력 관점에서 기업의 종류를 4가지로 분류해서 경영 현상을 진단한다. 위기상황이 닥쳐도 이를 심각하게 느끼지 못하고 멸망의 길로 치닫고 있는 기업이 있을 수 있으며, 다가온 위기를 늦게나마 깊이 인식하고 구성원 모두가 합심하여 극복해 냄으로써 비록 많은 대가를 치르지만 회생이 가능한 기업도 있다. 위기극복 측면에서 본 두 가지 기업의 종류다.

그리고 현재는 흑자경영 상태를 유지하고 있지만 앞으로 닥칠 위기상황을 자만에 빠져서 느끼지 못하고 흥청망청하다가 곧 쇠퇴할 기업도 있을 수 있다. 반면에 아직 다가오지 않았고 조짐이 뚜렷하게 나타나지도 않은 상황이지만 위기의식을 갖고 사전에 철저히 대비하는 예방경영을 실현함으로써 지속성장이 가능한 기업도 있다. 위기의식 함양 측면에서 본 두 가지 기업의 종류다. 국내외 글로벌 성공기업들은 모두가 한결같이 이러한 위기의식을 체질화했기 때문에 경쟁력 있는 기업으로 계속 성장할 수가 있었다. 최고의 이익을 내는 순간부터 다가올 위기를 사전에 깊이 인식하고 더욱 강력한 사업구조 조정과 제도혁신 등의 조치를 취했다.

위기의식은 조직 장래의 상황을 미리 바라보는 사고방식이다. 앞으로 발생할 예상문제들이 여기에서 많이 발견될 수가 있으며, 이 보이지 않는 문제 발굴과 해결에 집중할 때 일하는 재미와 열정은 더욱 크게 높아질 수가 있다. 따라서 위기극복을 위해 일할 때는 일이 괴롭고 재미가 없지만 위기의식으로 일할 때는 일이 즐겁고 재미가 있다.

위기의식의 근원,
조직공동체 의식

위기의식은 일의 주인이 되어 자신이 몸담고 있는 조직의 장래에 대해 걱정하는 마음이다. 그것은 자기 자신을 뛰어넘어 '조직과 나는 하나'라는 공동체의식에 연유한다. P사의 심 팀장은 밖에서 어떤 사람이 회사 경영을 비난하는 소리를 들을 때면 자신을 모욕하는 것 같이 느껴진다고 한다. 그것은 자신을 몸담고 있는 회사와 독립된 존재로 보지 않고 조직의 가치증대에 기여하는 한 구성원으로 생각하고 있기 때문이다. 회사의 성공과 실패를 곧 자신의 성공과 실패로 여기는 조직공동체 의식이다. 이럴 때에는 직장이 한없이 고맙고 즐거운 삶터가 되어 조직 장래에 대한 위기의식과 일하는 재미와 열정이 더 높아질 수가 있다.

반면에 일의 노예가 되어 매일 어쩔 수 없이 일하는 '그저 그런' 직장인은 직장에 대한 인식도가 크게 다르다. 밖에서 회사의 경영진을 모욕하는 소리를 들어도 별 관심이 없다. 지나친 개인 중심적 사고가 몸에 배어 있어 집단구성원으로서의 조직공동체 의식이 낮거나 아예 갖지 않은 경우라고 할 수 있다. 달리 표현하면 '회사 따로 나 따로'라는 과도한 이기주의적 사고다. 이럴 때에는 직장이 오로지 자신의 욕망을 채우기 위한 경쟁과 투쟁의 일터가 되어 위기의식과 일하는 재미와 열정의 강도가 약해질 수밖에 없다.

우리는 위기의식의 근원인 조직공동체 의식을 쉽게 확인해 보는 하나의 방법을 생각해 볼 수가 있다. 외부에서 누군가가 자신이 몸담고 있는 조직(회사)에 대해서 비방하는 소리를 들었을 때 심 팀장처럼 자신을 모욕하는 것과 같이 느껴지는가의 여부다. '느껴진다'면 조직공동체 의식이 있고, '그렇지 않다'면 약하거나 없다고 판단할 수 있을 것이다. 깊이 새겨둬야 할 것은 조직공동체 의식을 가질 때 위기의식이 일어나면서 일하는 재미와 열정은 더 높아질 수가 있다는 사실이다.

신종 이산가족 아빠와
조직공동체 의식

언제부터인가 부모들이 자신의 자녀들을 공부시키기 위해서 유학을 보내고, 가족들과 떨어져 사는 주말부부나 기러기 아빠들이 많이 나타나기 시작했다. 그야말로 21세기 신종 이산新種離散가족 아빠들이다. 그런데 60, 70년대에도 이산가족 아빠들은 있었다. 급속한 경제성장과 함께 산업화사회로 탈바꿈하는 과정에서 나타났던 이산가족 아빠들이다.

과거의 이산가족 아빠들은 개인 자신보다 조직발전을 더욱 우선시하지 않으면 안 되는 산업화시대에 살았다. 몸담고 있는 조직이 성장, 발전해야 자신과 가족도 잘 살 수 있다는 사고가 강했다. 그래서 단지 돈을 벌기 위해 직장에 나가서 일한다기보다, 일 자체의 높은 가치실현에 더 큰 중요성을 두었다고나 할까? 자신의 일들이 몸담고 있는 조직과 국가발전에 기여하는 의미 있는 일임을 깊이 인식하고 국내외 산업현장에서 맡은 직무완수에 열정을 쏟았던 것이다. 자신보다 조직 발전에 더 우선순위를 둔 열정적, 헌신적인 행동이었다. 지금도 그들은 그 당시의 직장생활이 즐겁고 일이 재미가 있었다고 말한다.

이러한 사고와 행동은 조직의 성공과 실패가 곧 나의 성공과 실패로 여기는 조직공동체 의식에 기초한다. P사의 심 팀장과 같이 자신과 조직과는 더 이상 제3자의 관계가 아닌 것이다. 개인 자신과 조직은 하나라는 강한 인식에 바탕을 둔 고통과 희생이었던 것이다. 하지만 오늘날 지나친 물성 및 자기중심적 사고로 우리의 조직공동체 의식이 크게 퇴색해 가고 있다. 조직공동체 의식이 위기의식과 일하는 재미와 열정을 더 높이어 개인 자신과 조직 모두를 행복하게 만들 수 있다.

임무완수와 권리주장의
올바른 순서

P사의 심 팀장은 타 동료들보다 항상 더 높은 평가와 더 많은 보상을 받았다. 그것은 일의 주인이 되어 자신이 맡은 설계직무에만 국한하지 않고 설계 후의 공장 운영과 관련된 사

항까지 고려해서 제대로 경쟁력을 갖춘 공장을 만들기 위해 최선을 다했기 때문이다. 실제로 그가 설계한 공장이 가동 후에 큰 보완투자나 설비장애 없이 경쟁력 있는 제품을 생산하여 회사 수익성 제고에 크게 기여하고 있음을 보여 주었다. 갈수록 그의 몸값도 높아지면서 조직공동체 의식에 기초한 위기의식과 일하는 재미와 열정이 더 크게 일어난 것이다. 그는 남보다 더 많은 보상을 요구하기 전에 남다른 성과를 높이는 일에 집중했다. 성과 창출보다 보상획득에 관심이 많은 그저 그런 봉급쟁이 직장인과는 그 순서가 반대다.

그리고 보상의 기본원칙에 대한 인식을 신분과 연공서열이 아니라 누가, 무엇을, 어느 정도 조직의 가치증대에 기여했느냐에 두고 일한다. 열심히 노력한 사람이나 게을리한 사람이나, 그리고 성과가 많이 난 기간이나 적게 난 기간이나 차등보상이 이루어지지 않으면 이를 수용하지 않는다. 생산성이 없는 정례적 급여인상, 일을 게을리하면서도 자동적으로 받는 임금지급 풍토, 소위 나눠 먹기식의 보상 관행을 싫어한다. 그것은 선진 보상 문화가 아닐뿐더러 위기의식과 일하는 재미와 열정을 더욱 약화시키는 요소로 작용하기 때문이다.

건강한 조직은 다해야 할 임무와 찾아야 할 권리의 순서가 제대로 놓인 조직문화를 갖고 있다. "나는 조직발전을 위해서 무엇을 해야 될 것인가, 내가 해야 할 일은 다했는가?"라는 말은 직무수행 측면에서 반성하는 자세가 먼저다. 노사갈등을 비롯한 많은 조직

병폐들도 이 순서가 바르지 못해서 생긴다. 그것은 '나와 조직은 하나' 라는 공동체 의식에 바탕을 둔 위기의식의 약화에 연유한다.

모든 것을 자신의 이익과 연결시키는 사고방식이 만연하고 자기일 외에는 무관심한 극도의 조직 부조화 현상도 여기에서 발생한다. 몸담고 있는 조직이나 매일 함께 일하는 동료들이야 어찌 되든 자기 자신의 안위와 이익에만 눈이 먼 강퍅한 삼류 조직사회가 될 수 있다. 남을 탓하는 마음도 강한 권리 주장이 앞설 때 생긴다. 심팀장과 같이 찾아야 할 권리 주장에 앞서 다해야 할 임무완수를 위해 최선을 다할 때, 조직의 미래를 걱정하는 위기의식과 일하는 재미와 열정은 더욱 높아지고 모두가 행복해질 수가 있다. 하지만 일의 노예 상태에 계속 머물러 있어서는 선先 임무완수(성과 창출), 후後 권리 주장(보상획득)의 바른 순서를 갖기가 어렵다.

노사문화에서
근경勤經문화로

우리는 조직공동체 의식의 강도에 따라 두 가지 노사관계로 구분해서 볼 수가 있다. 하나는 조직공동체 의식이 미약하거나 아예 없는 노사문화요, 또 하나는 강한 조직공동체 의식에 기초한 근경문화다. 전자는 철저하게 노동자와 사용자의 역할과 책임이 구분되어 쌍방 간의 노동계약 조건에 의해 행동한다. 사용자(고용주)는 노동자(고용인)를 보다 적극적인 행동을 이끌어 내기 위한 통제와 관리의 대상으로, 노동자는 사용자로부터 노동제공에 대한 대가를 받는 관계로 본다. 그래서 모든 것이 조직 주도로 작동되는 관리시스템이다.

우리나라 대부분의 조직들은 노사분규로 계속 몸살을 앓는다. 특히 노사 간에 이해가 대립된 끝에 생긴 일시적인 분규라기보다, 조직의 존립 자체를 부정하고 국가사회를 파괴하려는 투쟁적인 성격이 강할 경우에는 국민들까지 더욱 불안하게 만든다. 직장이 각각 서로의 권익을 확보하기 위해 싸우는 과도한 경쟁과 투쟁의 살벌한 일터가 된다. 특히 매년 임금인상을 놓고 치열한 공방전이 벌어지기도 한다. 통상적으로 노동자는 다해야 할 임무보다 찾아야 할 권리를, 사용자는 그 반대로 찾아야 할 권리보다 다해야 할 임무를 강조하는 경향이다.

하지만 후자의 근경문화는 경영자와 근로자의 관계다. 경영자는 근로자를 관리의 대상으로 보지 않고 경영의 동반자로써 자율참여에 의한 근경협의 개념으로 본다. 노사 별개체가 아닌 근경 합일체로 조직 발전과 근로자의 삶의 품질향상을 동시에 이루어 나가는 윈-윈 차원의 경영이다. 이는 근로자 개인의 인격과 조직 속에서의 존재가치를 높이 인정해 준다는 개념으로 받아들여지기 때문에 직장에 대한 고마움과 직무의미 인식에 크게 영향을 주게 된다.

아침에 일어나면 빨리 직장으로 달려가서 일하고 싶은 생각이 일어나고, 직장에서 일하는 것이 마냥 즐겁고 재미가 있어 간혹 퇴근 시간을 잊고 일할 때도 많다. 찾아야 할 권리보다 다해야 할 임무가, 보상획득보다 성과 창출이 먼저다. 직장이 조직과 근로자들이 각각 서로의 권익을 확보하기 위해 싸우는 살벌한 일터가 아니라, 조직 비전과 개인 자신의 꿈을 함께 실현시켜 나가는 소중한 삶의 터전이 된다. 이럴 때 조직공동체 의식에 기초한 위기의식과 일하는 재미와 열정은 더욱 높아질 수 있다. 근경문화가 우리의 나아가야할 방향이다.

얼마 인상해 달라!에서
얼마 인상해야 하나?로

　　　　　매년 임금인상에 대한 근로자와 경영자 간의 협상내용과 방법이 선진기업을 가늠하는 하나의 측도가 될 수 있다. 무엇을 가지고 협상을 하느냐, 어떻게 윈-윈 차원에서 타협점을 잘 찾느냐를 보면 강한 조직공동체 의식에 기초한 근경勤經문화의 수준을 알 수 있기 때문이다.

회사 측이 5%의 임금인상안을 내어 놓으면 노동조합 측은 그 원칙과 기준을 따진다. 도저히 타협할 수 없는 10%선을 들고 나오지 않는다. 몇 퍼센트를 인상해 달라는 주장이 아니라 몇 퍼센트를 인상해야 하느냐에 대한 당위성을 놓고 대화한다. 합리적인 원칙과 타당한 기준이라면 이를 수용하고 상호 비방하지도 않는다.

서로의 요구만 주장하지 않고 양보할 줄을 안다. 회사의 미래발전을 걱정하는 정도가 크다. 외부 경영 환경의 호전으로 발생한 이익은 향후 여건 악화를 고려해서 회사의 정책결정에 맡길 줄을 안다. 그것은 조직 구성원들의 자체 노력에 의해 획득한 이익이 아닐 뿐더러 조직의 성공과 실패가 곧 자신의 성공과 실패가 됨을 깊이 인식하고 있기 때문이다. 바로 '나와 조직은 하나'라는 조직공동체 의식이다. 성과 배분에 대한 노동자와 사용자 간의 쟁탈 개념의 차원이 아니라, 근로자와 경영자 간의 상생협력 차원의 윈-윈 개념이다. 일의 노예가 되어 얼마를 인상해 달라는 요구(권리 주장 먼저)가 아니라, 일의 주인이 되어 얼마를 인상해야 하는가라는 당위성(임무완수 먼저)에 초점을 둔 사고방식이다. 이는 조직공동체 의식에 기초한 위기의식과 일하는 재미와 열정을 드높이는 요소가 될 수 있다.

흑자 지속 기업의
가장 큰 문제점

회사가 적자가 난다는 것은 실제적으로 다가온 생존의 위기다. 이런 급박한 위기를 겪지 않고서 흑자경영을 지속하는 기업들도 있다. 하지만 이런 기업이 안고 있는 큰 문제가 하나 있다. 조직 구성원들이 변화와 혁신의 필요성에 대한 절박감의 강도가 매우 약하다는 점이다. 자만에 빠져서 어떤 노력도 효과가 없게 되는 경우다. 향후 도래할지도 모를 경영위기 상황을 아무리 강조해도 소용이 없게 된다. 이익변동의 굴곡은 다소 있지만 계속해서 흑자가 나고 있는 상태이기 때문에 구성원들은 이를 심각하게 받아들이지 않는다. '설마 우리 회사야 괜찮겠지' 하는 굳어버린 안주의식 때문이다.

이럴 경우에는 지금까지 하던 대로, 상사가 시키는 대로만 일하는 '일의 노예'가 되어 새로운 것에 대한 도전을 꺼리는 경향이 더욱 뚜렷해질 가능성이 높다. 그동안 도입한 선진 혁신기법이나 제도들이 본래의 취지대로 효과가 나타나지를 않고 혁신문화로 뿌리내리지 못하는 어려움을 겪게 된다. 기업이 잘 될 때일수록 향후 잘 못 될 경우를 절박하게 인식하고 대비하는 위기의식이 필요하다. 기업이 적자경영 상태를 극복하는 것보다 흑자경영 상태를 유지하거나 강화하는 것이 더 어렵다는 말이 있다. 그것은 생존 위기에 대한 절박성이 낮고, 기존 익숙한 것들에서 벗어나 새로운 영역에의 도전에 대한 두려움이 높을 수 있기 때문이다. 이는 곧 위기의식과 일하는 재미와 열정이 일어나지 않는다는 뜻이다.

일하는 재미와 열정의 고갈증세,
모럴 해저드

　　　　　P사의 박 팀장은 자신의 재임 기간 동안 큰 말썽이 없이 조용히 지내고 싶어 한다. 그래서 직무수행의 초점을 오로지 선임자들이나 지난번의 설계 내용에 맞춘다. 모든 일을 과거에 했던 대로, 위에서 시키는 대로만 수행한다. 그것이 가장 편하고 말썽을 일으키지 않는 방법이기 때문이다. 급기야 어떤 문제에 부딪치면 임시방편적이고 일을 깊이 파고들지를 않고 대충 처리해 버리는 자세와 행동이 습관화되었다. 이렇게 설계를 해도 당분간은 공장가동에 큰 문제가 없을 것이라는 안이한 생각과 극히 비과학적인 사고의 틀에서 벗어나지 못하는 상태에까지 이르게 된 것이다.

　일의 노예가 되어 일하는 재미와 열정을 갖지 못하게 되면 자신도 모르게 일을 대충 처리하는 버릇이 생기기 쉽다. 이렇게 해도 괜찮을 것이라는 막연한 생각으로 점차 자신이 맡은 직무마저 최선을 다하지 않는 자세다. 곧 조직이 심각한 위기상황을 맞게 되는 것이 명확한데도 장래에 대한 책임감이나 위기의식이 없게 된다. 실제 문제가 발생하게 되면 작업 당시(설계 시)와 작업 후 현재(조업 시)의 상황이 다르다는 이유로 변명하거나, 더 궁지에 몰리게 되면 직책을 사임하면 책임을 다하는 것으로 생각한다. 직장인의 책임이란 과거의 실패에 대한 책임보다 장래에 대한 책임 의식을 의미

하는데도 이에 대한 인식이 전혀 없다. 위기가 위기의식 강도의 결과이듯이 책임의 유무도 책임 의식 강도에 좌우된다.

위기의 근원인 위기의식과 일하는 재미와 열정이 약해지면 나타나는 모럴 해저드(moral hazard)다. 일하는 재미와 열정의 고갈증세로 '나 하나쯤이야 이렇게 해도 괜찮겠지!' 하는 도덕적 해이다. 이것이 더욱 무서운 것은 한 개인에 그치지 않고 조직 전체로 전염이 된다는 사실이다. 한 개인의 윤리 도덕관의 결여가 결국 자신을 떠받치고 있는 전체 조직 시스템을 붕괴시키고 만다. 자신이 이를 인식하지 못하고 있어 치유가 어려운 정신병이자 위기의식의 약화 현상을 방치하면 나타나는 합병증이다.

없어야 할
두 가지 모럴 해저드 유형

온 사회를 자주 떠들썩하게 만드는 반복적인 사건, 사고들도 대부분 일하는 재미와 열정의 고갈증세인 '모럴 해저드'에 기인한다. 크게 두 가지 유형의 사례가 있다. 그 하나는 사고는 기업이 내고 정부가 국민의 혈세로 뒷수습하는 경우다. 호황 땐 흥청망청하다가 불황이 닥치자 '나 모르겠다'는 식의 기업들이 이에 해당된다. 그저 그런 봉급쟁이 직장인들의 도덕적 해이는 기업을 도산시키거나, 흡수합병의 고통스러운 상황으로 치닫게 만든다. 장래에 대한 비전과 이념도 없이 '설마 우리 회사야 괜찮겠지'하는 안이한 생각들이 그 원인이다. 그들은 미래를 간파하는 통찰력으로 사업구조를 파악하는 역량이 없기 때문에 위험을 무릅쓰고 자신의 책임 하에 과감한 변화와 혁신을 하는 것이 불가능하다.

또 하나의 유형은 각종 재해 때에 우왕좌왕하는 경우다. 지금까지 경험하지 못한 재해와 사건들이 큰 인명과 재산상의 피해를 초래하는 근본적인 원인도 들여다보면 사고의 도덕적 해이 때문이다. 현장의 심각한 상황을 파악하고 있으면서도 사전에 자기 독단적으로 대책을 실행했을 경우에 향후 닥쳐올 책임 문제를 생각해서 제때에 적극적으로 손을 쓰지 않는다. 한마디로 자신의 직무수행 역할을 게을리 하는 책임 회피적 자세와 행동이다. 일어나고 있는 상황에 대해 무엇을 해야 하는가를 생각하기 보다는 자신의 실패와 위험부담을 최소화하는 것에만 신경을 쓰는 극히 보신주의적인 사고다. 이는 결국 대형 참사로 이어지게 된다.

일하는 재미와 열정의 상실자, 얌체족

P사의 박 팀장은 맡은 본연의 설계직무보다 비본질적인 일에 관심을 기울이는 직장인이라고 할 수 있다. 일과 후에 상사와 함께 하는 식사나 술자리에 관심이 많고, 명절이면 선물을

보내거나 직접 집으로 찾아가기도 한다. 근무시간에도 일보다 상사의 기분 파악에 더 신경을 쓴다. 겉으로는 열심히 일하는 것 같지만 실제는 주변 상황을 살피면서 대충 일하는 버릇이 습관화되어 있는 직장인이라고 할 수 있다. 이른바 프리 라이더(free rider)다. 나는 이런 직장인을 일하는 재미와 열정을 상실한 얌체족이라고 부른다.

평소 가만히 숨어 있다가 다른 사람들의 성과에 편승해서 이득을 보는 자다. 큰 노력을 기울이지 않고 이득을 취하면서도 죄의식이 전혀 없다. 누군가가 보는 앞에서는 열심히 일하는 척하다가도 보지 않으면 게을리한다. 조직의 그늘에 적당히 숨어 일을 하면서도 남의 성과에 얹혀 똑같은 대우를 받는 얌체족이다. 모럴 해저드의 사고에 젖게 되면 나타나게 되는 자세와 행동이다.

한 조직 내에서 이런 얌체족들을 보게 되면 사실 일하는 재미와 열정이 크게 떨어지게 된다. 더구나 누가 봐도 성과가 매우 저조함에도 불구하고 상사로부터 높은 평가를 받아 더 큰 보상을 받거나 빠르게 승진을 하는 경우는 더욱 충격을 받는다. 그래서 이러한 얌체족들의 행동은 조직 전체로 빠르게 확산될 수 있다. 일의 노예가 되어 자신이 맡은 직무수행에 대한 뚜렷한 소신과 확신이 없으면 쉽게 전염될 가능성이 매우 높다. 결국 조직의 활력을 크게 떨어뜨리고 성장을 둔화시켜 조직의 위기를 초래할 수 있게 만든다.

얌체족들의
보이지 않는 업무죄

　　　　　　P사의 박 팀장은 변화를 꺼리고 극히 자기 방어적
인 업무자세를 취하는 공장 설계팀의 리더다. 일을 세밀하게 들여
다보는 깊이와 폭 넓은 시야가 부족하여 업무처리의 타이밍을 놓
치기도 하고 자주 실수를 하는 편이다. 오래전 자신이 설계한 공장
이 얼마가지 않아서 최신예 기술을 접합시킨 일본 경쟁회사의 공
장에 비해서 경쟁력이 떨어져 가동할 수 없는 상황에 놓인 적도 있
었다.

평소에 주로 쉬운 허드렛일만 하면서도 생색내는 일은 독차지
하는 스타일이다. 팀원들의 좋은 아이디어는 반드시 자신이 직접
위에 보고해서 인정받기를 좋아한다. 하지만 이런 자신의 행동이
조직에 엄청난 손실을 초래하고 있다는 사실을 인지하지 못하고
있다. 모럴 해저드에 젖어 있는 얌체족 직장인의 전형적인 자세와
행동이다.

모럴 해저드에 젖은 얌체족들의 행동을 들여다보면 몸담고 있는
조직에 보이지 않게 엄청난 손실을 초래하고 있다는 사실을 알 수
가 있다. 그들의 해조害組행위(몸담고 있는 조직의 가치를 해치는 행위)들
은 여러 가지 형태로 나타난다. 소속된 조직 속에서 나름대로 일하
고는 있어서 큰 문제로 보지 않고 지나쳐 버리는 직무수행 행위들
이 그 중 하나이다. 조직의 성장잠재력을 몰래 조금씩 잠식하다가

종국에는 위기상황으로 치닫게 만드는 조직병폐들이라 할 수 있다. 이런 행위들이 조직에 미치는 부정적인 영향을 정확히 알 수는 없으나 엄청난 시간을 빼앗고 그동안 쌓아온 조직의 가치를 몰래 손상시켜 위기로 몰아넣을 가능성이 높은 것만은 틀림없다.

때문에 나는 몸담고 있는 조직의 가치를 은밀하게 갉아먹는 이 모든 자세와 행동들을 통틀어서 얌체족들의 '보이지 않는 업무죄'로 규정하고 이를 중심으로 일하는 재미와 열정의 강도, 그리고 조직 활력과 가치창조 경영의 수준을 진단한다. 즉 소극적인 자세로 무책임하게 일하는 업무 방관죄, 먼저 할 일과 나중에 할 일을 구분 못하고 같은 일을 반복하는 업무 우둔죄, 남의 성과나 아이디어를 슬쩍 자신의 것으로 취해 버리는 업무 절도죄, 일을 적당히 대충 처리함으로써 발생하는 업무 실수죄다.

이렇듯 조직 속에서 일의 노예가 되어 일하는 재미와 열정을 잃고서 열심히 일하는 척하는 얌체족 직장인들이 범하는 업무죄는 광범위하다. 겉으론 열심히 일하는 것 같지만 실제는 보이지 않는 업무죄를 범함으로써 몰래 조직의 경쟁력을 약화시키고 있는 것이다. 그들은 규정과 법망을 교묘히 피해가면서 보이지 않게 엄청난 죄를 짓고 있는데도 이를 인식하지 못하고 있다. 매일 자신에게 주어진 귀중한 시간을 의미 있는 일에 잘 활용하지 않으면 자기 자신은 물론 몸담고 있는 조직 모두가 낭패를 볼 수 있다는 사실도 전혀 모르고 있다.

없애야 할
보이지 않는 네 가지 업무죄

첫째, 무책임한 자세를 취하는 업무 방관죄다. 변화에 소극적이고 극히 자기방어적인 업무자세를 취하는 행위다. 자신이 해야 할 가치 있는 '일다운' 일을 찾기보다 남을 시기하고 비방한다. 겉으로 말은 잘 하면서도 실제 속내는 남이 못되기를 바란다. 튀는 아이디어맨의 발목을 잡는 행위, 시키는 대로만 열심히 하는 소극적인 업무 자세는 조직의 성장잠재력을 약화시키고 나아가 조직 질서까지 파괴하는 큰 죄가 될 수 있다. 잘하는 사람은 칭찬하고 못 하는 사람은 격려해 주는 역동성 넘치는 조직풍토를 만들어야 하기 때문이다. 상호 칭찬과 격려를 통해 모두가 변화와 가치창출의 주체가 되는 것, 실천해야 할 중요한 과제일 것이다.

둘째, 핵심(본질)을 파악 못 하고 같은 일을 반복하는 업무 우둔죄다. 업무 처리의 타이밍을 놓치는 것도 조직에 엄청난 기회손실을 야기시킨다는 측면에서 보면 죄가 아닐 수 없다. 그리고 이미 했어야 되는 일을 나중에 하면서 중요하다고 야단법석을 떨거나, 나의 일, 남의 일 따지는 데 시간을 소비하는 행위들도 죄의 범주에 속한다. 핵심을 안다는 것은 일의 순서, 즉 경중완급을 판단할 수 있는 폭넓은 안목과 정확한 판단력을 갖추고 있다는 뜻이다. 조직 전체의 이익 차원에서 어떤 일을 먼저 해야 하는지를 찾아낼 수 있어야 한다. 바둑에서 대마를 잡고도 마지막 계가에서 지는 우를 범하는 경우와 같은 이치다. 이것은 모든 경쟁에서 상대방보다 앞설 수 있는 기본 원칙이다. 단순한 노동력보다 사고력의 극대화가 필요한 4차 산업혁명의 글로벌 경쟁 시대이기에 더욱 그렇다.

셋째, 남의 아이디어나 성과를 슬쩍 취해 버리는 업무 절도죄다. 타 부서나 남의 아이디어를 자신의 것처럼 보고하고 평가받는다면, 그것은 업무 도둑으로 봐야 옳다. 조직 활력을 단숨에 잃게 만드는 큰 죄다. 눈에 보이는 조직의 자산을 횡령하는 것만이 범죄가 아니다. 더욱 공정하고 과학적인 직무수행 평가제도나 시스템으로 계속 다듬어져야 할 필요성이 여기에 있다. 특히 구성원들이 일할 의욕을 단숨에 꺾어 버리는 리더의 업무 절도 죄는 조직의 가치를 잠식하는 큰 원인이 될 수 있다. 직위로서 조직 구성원들을 통솔하면 소극적인 무사안일의 조직으로 변모되기 쉽다. 리더들이 더 나은 가치창출을 위한 일의 개선에 시간을 할애하지 않거나 아이디어를 낼 실력이 없다면 그 조직은 무너지고 있다고 봐야 할 것이다.

넷째, 일을 적당히 흘려서 함으로써 발생하는 업무 실수죄다. 전문성이 없어 사고의 깊이가 얕고 폭이 좁아서 발생하는 각종 착오나 오류들이다. 쉽게 말해서 업무 불량품들이다. 특히 대충 일하는 직무수행 습관이 몸에 배어 있어 실수를 자주 반복하게 되는 것은 더욱 큰 문제다. 실수로 인한 조직 경쟁력의 손상 정도가 누적되어 회복할 수 없을 정도로 치달을 수도 있기 때문이다. 그런데 이런 죄를 범하는 사람들은 대부분이 '일을 하다보면 그럴 수도 있지 않은가?'라는 자기 합리화식의 사고와 화법으로 논리를 편다. 크게 잘못된 발상이다. 도전적인 목표를 스스로 설정해서 자신의 강점과 잠재력을 최대한 발휘하여 노력을 했으나 어쩌다 일어난 실수가 아니기 때문이다. 더구나 지금은 매순간 더 나은 가치창조가 실제적으로 일어나지 않으면 쉽게 도태될 수밖에 없는 시대이다.

보이지 않는
두 가지 경영손실

일하는 재미와 열정을 상실한 얌체족들이 범하는 보이지 않는 업무죄는 결국 보이지 않는 두 가지 경영손실로 나타난다고 할 수 있다. 하나는 앞을 내다보는 통찰력이 부족하여 일을 처음부터 잘 처리하지 못함으로써(단기적 시각) 자주 고치게 되는 반복손실이요, 또 하나는 투자 사업 등 중요한 의사결정 사안들을 보다 합리적으로 처리하지 못해서(단편적인 시각) 잃게 되는 기회손실이다. 조직이 안정궤도에 진입하여 경영이 선 순항할 때 모럴 해저드에 젖어 일을 대충 처리해 버린 습관과 안주의식이 그 근본 원인이라고 할 수 있다.

그런데 이 손실들은 평소에 특별히 관심을 갖고 잘 살펴보지 않으면 쉽게 지나쳐 버릴 수 있는 속성이 있다. 그리고 이러한 상태가 오래 지속되면 보이지 않게 조직 경쟁력을 점차 약화시켜 멸망의 길로 치닫는다. 실로 무서운 조직 경쟁력 약화의 주범들이다.

공장설계 시에 최신 기술의 접목을 기피함으로써 추후 설비 진부화 현상을 초래하여 보이지 않는 경영손실을 발생시키는 경우와 같다. 몇 개의 공장이나 설비가 가동되는 경우에는 어느 한 공장의 설비 진부화로 인한 손실은 유심히 들여다보지 않으면 이익이 나는 다른 공장에 감추어져서 알기가 어렵다. 이런 경우는 어떤 직업, 조직 내에 어느 직무에서도 일어날 수 있다.

이 두 가지 경영손실을 원천적으로 막을 수 있는 방안은 명확하다. 반복손실은 처음 시작할 때 대충하지 않고 장기적인 시각에서 잘 만들어 놓아야 하는 것(미래경영)이고, 기회손실은 잘 되고 있는 평상시에 흥청망청하지 않고 미리미리 잘 준비해 두어야 하는 것(예방경영)이라 할 수 있다. 아직 다가오지 않은 위기상황이지만 사전에 절실하게 경험해 보는 위기의식 함양 훈련이 필요한 이유다. 5년, 10년 후 조직의 미래를 걱정하는 정도가 내일의 일을 오늘 걱정하는 것 만큼이나 절박하게 느껴지도록……

삼풍백화점 붕괴 사고에서
찾아야 할 의미

국내에서 빈번하게 발생하는 대형 사건, 사고들을 보면 돌발적인 재해라기보다 거의 예고된 인재가 많다. 어느 누군가가 장래에 대한 책임감을 가지고 사전에 구체적인 행동을 취했더라면 막을 수 있는 사건, 사고가 대부분이다. 이는 일하는 재미와 열정의 고갈증세인 모럴 해저드에 기인한다. 장래에 대한 책임회피적인 사고, 바로 위기의식이 크게 약화된 도덕적 해이다. 조직 속에서 자신이 맡은 직무의 소중한 의미를 인식하지 못하고 그 역할을 다하지 않았기 때문이다.

부실공사의 원인으로 발생한 삼풍백화점 붕괴 사고가 그렇다. 1995년 6월 29일, 정확하게 오후 5시 57분에 발생한 우리나라 최대의 건물 붕괴 사고다. 이날은 건물이 완공된 지 불과 5년 8개월 만에 붕괴된 국치國恥의 날로 기억되고 있다. 천여 명 이상의 종업원과 고객들이 사망하거나 부상당한 대형 사고다. 사후 조사 결과에 의하면 설계, 시공, 유지관리의 총체적인 부실이 그 원인이었다. 당초에 대단지 상가로 설계되었던 것이 정밀구조 진단 없이 백화점으로 변경되었고, 그 이후에도 무리한 확장공사가 수시로 진행되었다고 한다. 아무리 초기에 설계를 잘 해도 관리 잘못으로 무용지물이 되어 버린 하나의 예다.

더 충격적인 것은 사고 며칠 전부터 벽면에 균열이 있는 등 붕괴의 조짐이 있었으나 경영진은 아무런 조치도 취하지 않았다는 점이다. 사고 발생 당일 오전에는 5층 천장이 내려앉기 시작하였지만 영업을 중단시키지 않고 계속 보수공사를 진행하기로 결정함으로써 결국 대형 인명사고를 내고 만 것이다. 그야말로 인재사고다. 공장 건설 중에 부실 공장 폭파라는 과감한 조치를 취한 과거 포스코와는 매우 대조적이다.

조직 백년대계의 기틀을 구축하겠다는 경영의식이 전혀 없이 단기적으로 돈만 벌겠다는 경영자의 전형적인 한탕주의 사고가 근본 원인이었던 것이다. 장래에 대한 위기의식과 책임감 없이 일함으로써 결국 몸담고 있는 조직을 폐망의 길로 치닫게 만들어 버린 사례다. 일의 노예가 되어 위기의식이 없이 일하는 '그저 그런' 봉급쟁이 직장인, 즉 일하는 재미와 열정을 상실한 얌체족들이 보여주는 자세와 행동의 아주 나쁜 결과다.

포스코
'부실 건설공장 폭파식'이 주는 의미

공장 착공식이나 준공식보다 더 큰 의미를 지닌 폭파식!

1977년 8월 2일, 과거 포스코가 80% 이상 기초공사가 진행된 불량 건설공장을 다이너마이트로 폭파시킨 사건이다. 의도적으로 일으킨 큰 사건으로서 국내 건설 사상 최초의 사례가 아닌가 싶다. 지금도 창업 및 건설요원들은 그날의 일을 매우 의미 있는 사건으로 기억하고 있다.

당시 박태준 사장은 어느 날 현장에서 부실공사라는 사실을 발견하고 시공회사와 감독자들을 모두 한자리에 모아 놓고 초유의 '부실 건설공장 폭파식'을 거창하게 실시하였다고 한다. 부실공사를 절대로 용납하지 않겠다는 단호한 자세를 보여 주기 위한 것이었다. 일관제철소의 특성상 어느 한 공장, 어느 출발시점에서의 잘못은 돌이킬 수 없는 국가적 재앙을 가져오기 때문이다. 국가 백년대계의 위대한 자산이 되게 해야 하는 당시 일관제철소의 중요성을 단적으로 보여준 의미 있는 사건이었다.

이후 부실공사가 전혀 없는 조직문화가 형성됨으로써 제대로 된 설비경쟁력을 갖춘 일관제철소를 만들어 국가경제 발전에 크게 기여할 수 있었던 것이다. 공장 건설 후에 큰 손실이 발생하지 않도록 타이밍을 놓치지 않고 미리 준비하는 예방경영과 장기적인 관점에서 회사 성장의 틀을 처음부터 잘 구축해 놓는 미래경영을 실현한 보기 드문 사례다. 위기의식이 일하는 재미와 열정을 더 높인다는 사실을 보여준 학습사례이기도 하다.

이 사건을 계기로 모든 임직원들은 물론 건설관련 업체들까지도 포항제철은 단순히 공장을 건설해서 이익을 내고자 하는 '그저 그런' 회사가 아니라는 것, 국가경제발전과 국민복지 향상에 중추적 역할을 담당해야 하는 공익기업이라는 소중한 의미를 더욱 깊이 인식하게 되었다고 한다. 일의 주인이 되어 위기의식과 일하는 재미와 열정의 강도가 높은 슈퍼 직장인들이 보여주는 자세와 행동의 아주 좋은 결과다.

다가오지 않은
경영위기 경험하기

경영 위기의식 함양은 잘 되고 있는 평상시에 사고의 도덕적 해이가 생기지 않게 스스로 노력함으로써 위기의식의 효과성을 사전에 경험해 보는 것을 말한다. 이럴 경우 어떠한 경기 불황과 시황부진에도 영향을 받지 않거나 혹은 적게 받는 건강한 기업체질을 유지할 수 있게 된다는 것은 단순한 이치다. 이런 측면에서 도래한 위기대응력보다 위기의식 함양에 관심을 갖고 나름대로 개발한 방법이 있다. 아직 다가오지 않은 회사의 경영위기 상황을 사전에 매우 절박하게 경험해 보는 '경영 위기의식 함양 3단계 프로세스' 다.

먼저 현재의 위기상황 정도를 진단해 본다. 최근 회사의 실현이익이나 부서 성과지표의 증가가 자체 노력에 의한 것인지, 외부 환경요인에 기인한 것인지를 스스로 점검하는 과정이다. 만약 외부 환경변화의 영향으로 진폭이 큰 불안정한 경영실적이 포착된다면 비록 이익이 나고 있다고 해도 위기로 판단한다. 그리고 동시에 위기상황 도래의 인식도와 대응력 측면에서 위기수준의 정도(멸망하고 있는 기업, 회생이 가능한 기업, 곧 멸망할 기업, 지속가능한 기업)를 판단한다. 이 두 가지는 자체 노력의 성과가 외부 환경변화의 충격을 얼마나 완화시킬 수 있느냐를 판단하는 역량이라고 할 수 있다.

다음은 향후 외부 환경의 영향 정도를 보다 합리적으로 분석, 예측한다. 평소 조사 수집한 팩트나 데이터들을 기초로 이루어지게 된다. 트랜드 중심으로 환경변화의 특성을 발굴해서, 추진 사업들에 대해 현재 및 장래의 위협과 기회요소들의 영향 정도를 파악하는 과정이다. 보이는 문제가 아니라 보이지 않는 문제들을 찾아내는 일이라고 할 수 있다. 이것은 불확실한 미래의 사업 환경 하에서도 장래의 사업 시나리오를 명확하게 창출해 낼 수 있는 전략적 사고역량과 예측 관련 기법들에 대한 이해가 뒷받침되어야만 가능하다.

마지막으로 외부 환경변화의 영향 정도에 대한 분석 내용을 기초로 나름의 설명 논리를 개발해서 시행한다. 사실에 근거한 설명 포인트를 발굴해서 자료를 직접 작성하고 언제, 누구에게나 확신 있게 설명하고 공감을 얻는 노력이다. 이런 행동이 습관화되면 어느 사이에 자기 자신이 경영자 입장이 되어 있음을 느끼게 된다. 더 이상 상사의 의견이나 지시에 따라 움직이는 일의 노예가 아니라, 자기 나름의 의견과 소신을 명확하게 피력하는 일의 주인이 된다. '하더라' 삼인칭 화법에서 '하겠다' 일인칭 화법으로도 바뀌게 된다. 이 '경영 위기의식 함양 3단계 프로세스'는 어쩔 수 없이 일하는 척하는 일의 노예에서 하고 싶어서 열심히 일하는 일의 주인으로 진화되게 하는 실제적인 방법으로 어떤 직업, 어느 조직에서도 적용할 수가 있다. 물론 위기가 도래했을 때 그 극복능력 배양도 필요하지만 이 또한 일하는 재미와 열정을 드높여서 더 나은 가치를 창조하는 충분조건이 될 수는 없다.

3부 /

일,
어떤 방식으로 해야
더 능률이 오르는가

직장인이라면 누구나 조직에 있으나 마나한 존재가 아니라 조직이 꼭 필요로 하는 존재가 되고 싶어 한다. 없어도 되는 그저 그런 봉급 쟁이 직장인이 아니라 매번 더 나은 가치창조로 조직에 기여하는 슈 퍼 직장인이 되기를 원한다. 하지만 매일 일의 노예가 되어 그저 허둥지둥 재미없이 일하는 다람쥐 쳇바퀴 방식으로는 어렵다. 일하는 방식이 올바르지 못하면 일의 즐거움과 열정이 곧 약해지게 되어 기대만큼의 남다른 성과(명품) 창출이 어려울 수 있기 때문이다. 아무렇게나 일하면 아무런 결과가 된다. 일하는 재미와 열정의 강도는 어떤 방식으로 자신의 역량을 높이고 발휘하느냐에 따라서 달라질 수가 있다.

1 | 역량향상의 희열喜悅을 경험하라

- 높은 몸값은 하루아침에 되지 않는다

어느 한 부문에만 익숙한 전문능력자 차원을 넘어서 폭넓은 통찰력을 가진 역량가로 성장코자 노력할 때, 그리고 매일의 일 자체를 학습이요 역량향상의 수단으로 여기며 그로 인한 희열을 수시로 경험하게 될 때, 일이 더 재미가 있게 된다. 언제 어떤 상황에서도 조직이 필요로 하는 가치 있는 존재가 될 수 있다는 자신감을 가질 수가 있기 때문이다. 높은 몸값은 하루아침에 되지 않는다.

P사의 김 명장名匠은 현장 설비정비의 소임을 다한 공로로 2016년에 현장 기술인의 최고봉인 명장이 되었다. 공고에서 전기를 전공한 그는 정비 기능공으로 입사해서 크고 작은 설비사고와 고장 상황을 수없이 해결하면서 성장한 입지전적인 인물이다. 그에게는 설비장애나 사고가 일어났을 때 회피하지 않고 뛰어들어 해결해야 한다는 정비인으로서의 소명감이 있었다. 그는 고장 설비가 정상 가동되면서 내는 기계음을 듣고 희열을 느끼는 것을 최고의 명예로 생각했다. 또한 자신이 맡은 정비직무가 회사 발전에 기여하는 매우 의미 있는 일임을 깊이 인식하고 매일 학습의 열정을 불태웠다.

그가 동료 정비 기술자들과 다른 점은 뛰어난 통찰력이다. 설비장애 발생 시 현상복구에만 급급하기보다 폭넓은 시야에서 바라보면서 신속, 정확하게 진단조치를 내리는 스피드와 결단력을 가졌다. 그것은 현장 여러 곳에서 발생하는 수많은 설비사고와 고장 상황을 학습기회로 생각하고 그 해결을 통한 경험에서 길러진 역량이다. 일을 통한 스스로의 역량향상이 일하는 재미와 열정을 더욱 크게 만들었던 것이다.

하지만 P사에는 김 명장의 일에 대한 자세와 행동과는 다른 정비 기술자도 있을 것이다. 정비인으로서의 소명감이나 철학 없이 오로지 남보다 더 많은 돈을 벌고 출세하기 위해 매일 허둥지둥 일하는 그저 그런 봉급쟁이 직장인의 경우다. 정비직무의 소중한 의미를 인식지 못하고 문제의식과 소신 없이 상사가 시키는 대로만 열심히 일한다. 간혹 회사의 교육이 있는 날이면 현장에서 일하는 것보다 훨씬 편하고 좋다. 교육기간에도 받는 급여나 인센티브에는 차이가 없는 절호의 휴식 시간이 되기 때문이다.

그리고 맡은 한 부문에는 어느 정도 전문성을 갖고 있지만 다른 인접 분야는 잘 몰라서 설비장애를 접할 시에 우왕좌왕하거나 정확한 진단조치를 내리지 못한다. 자기 스스로의 판단에 의한 해결방안을 제시하기보다 상사의 지시만을 기다리다가 골든타임을 놓치는 경우도 많다. 갈수록 자신의 정비 업무에 자신감이 없어지면서 가능한 설비장애 현장을 기피하게 된다. 평소에 설비장애 복구를 통한 다양한 경험을 쌓지 않고 맡은 한 부문만의 전문능력에 만족해 왔기 때문이다. 일하는 재미와 열정이 크게 일어날 수가 없다. 이런 경우 또한 어느 직업이나 직무에서도 일어날 수 있다.

누구나 조직에 '있으나 마나' 한 존재가 아니라 꼭 필요한 존재가 되기를 원한다. 하지만 그것은 폭넓은 통찰력을 갖고 더 나은 가치창조로 조직에 기여할 때만 가능하다. 통찰력은 현재보다 미래, 부문보다 전체를 내다볼 수 있는 깊고 폭넓은 사고역량을 말한다. 어느 특정 분야의 전문능력만으로는 길러질 수 없는 역량이다. 주어진 일을 항상 조직 전체 차원에서 하나의 묶음 단위로 수행함으로써 자신이 맡은 직무수행과 관련된 인접 분야의 지식과 경험도 동시에 가질 때 가능하다. 자연히 일을 통한 역량향상의 희열을 경험할 기회가 확대되어 일하는 재미와 열정이 더 크게 일어날 수 있게 된다.

능력은 있는데
일은 못한다

"정비는 설비를 진단하는 의사와 같아요. 의사가 환자를 진단하여 아픈 곳을 알아내고 치료 방법을 찾는 것과 같지요. 의사의 정확한 진단이나 처방이 없이 환자가 나을 수 없듯이 올바른 설비진단 후의 어떤 조치가 없이는 공장이 정상 가동될 수가 없고 좋은 제품이 나올 수 없는 것과 같은 이치라고 생각해요. 그래서 정비인은 설비정비의 의사가 되어야 합니다." 인터뷰에서 밝힌 P사 김 명장의 정비철학이다.

김 명장은 설비를 더 완벽하게 이해하기 위해서 전기기능장, 소방설비기사, 전력 특급 기술사, 사무자동화 산업기사 등 국가기술자격증만 6개를 갖고 있다. 어느 한 분야의 전문능력 보유자라기보다 폭넓은 통찰력을 가진 역량가다. 언제 어디에서나 자신의 역량을 최대한 발휘하면서 조직 속에서 자신의 존재가치를 느끼며 살아가는 소명감 있는 직무장인(job crafter)이다. 그것은 일의 주인이 되어 일하는 재미와 열정의 강도가 약해지지 않고 지속될 때만이 오를 수 있는 경지다.

"능력은 있는데 일은 못한다."는 말이 있다. 어떤 한 부분에 남다른 능력(Ability)이 있다고 해서 반드시 역량(Competence)이 높은 것은 아니라는 의미다. 뒤집어 생각하면 역량에는 여러 개의 능력이 결합되어야 한다는 뜻이기도 하다. 이런 개념에서 보면 P사의 김 명장은 환자를 종합적으로 정밀하게 진단해서 병의 발생 원인과 치료 방법을 정확히 찾아내는 명의와 같다. 설비의 이상 조짐을 종합적으로 진단해서 조치방안을 제시할 수 있는 설비정비의 명의라고 할 수 있다.

어느 한 부문의 전문능력으로는 다양한 요인에 의해서 발생하는 설비장애 현상을 신속, 정확하게 진단할 수 없다. 실제로 어학 능력도 우수하고 맡은 직무에 대한 전문지식을 갖고 있는데도 업무성과를 높이는 역량이 부족하여 일을 못 하는 직장인들이 많다. 평소 역량개발을 통한 일하는 재미와 열정이 뒤따르지 않았기 때문이다. 능력은 어떤 일에 필요로 하는 하나의 직무수행 기술적인 측면이라면, 역량은 의미 있는 가치를 창조하여 조직에 기여할 수 있는 직무수행 성과 측면의 개념으로 볼 수 있다.

개인이 가진 능력과 일을 잘하는 것은 다르며, 맡은 직무수행에는 능력을 뛰어넘어 역량이란 단어가 더 적합하다. 맡은 직무수행을 위한 전문적인 능력은 반드시 필요하지만 일하는 재미와 열정을 더욱 높여서 더 나은 가치를 창조하는 충분조건이 될 수는 없다. 아무리 능력이 있어도 조직의 가치증대로 이어지지 않으면 큰의미가 없을 것이기 때문이다.

I 자형 전문가에서
T 자형 직무장인으로

　　　　　최근 국내 기업들은 T 자형의 역량을 가진 인재에 대한 갈망이 높다. 즉 특정 분야에 정통하면서도 관련 인접 분야에 대해서도 폭넓은 지식과 경험으로 앞을 내다보는 통찰력을 가진 자를 원한다. 일명 통섭형 인재다. 정보화를 기반으로 빠르게 도래하고 있는 초연결성, 초지능화의 특성을 지닌 4차 산업혁명의 시대에 대비하기 위해서다. 그래서 대부분의 대학에서도 기술과 경영을 융합한 새로운 학과들이 생겨나는 등 이공과 인문계열로 구분되어 있는 학과 내용들의 경계를 없애고자 노력 하기도 한다.

　하지만 이미 도래한 정보혁명이라는 큰 변화의 흐름마저 타지 못하고 아직도 2차 산업혁명시대의 사고와 태도에 머물러 있는 직장인들이 많다. 자신이 맡은 분야의 전문성과 주어진 경영자원의 생산성과 효율성 제고에만 집착하는 경우다. 더 나은 가치창출이 가능한 일다운 일감을 찾고자 하는 노력들이 미흡하다. 이는 일하는 재미와 열정이 더 크게 일어나지 않는다는 뜻이기도 하다. 개인 및 조직의 역량이 과거의 것에 매몰되어 정체될 경우 4차 산업혁명이라는 큰 변혁의 파고를 극복하기 어렵다. 이것이 한 부문에만 익숙한 I 자형 전문가에서, 언제 어디에서나 더 나은 가치창조가 가능한 T 자형 직무장인으로 진화되어야 하는 이유다. I 자형 전문가에서 T 자형의 직무장인이 되고자 노력할 때 비로소 일하는 재미와 열정은 더 크게 높아질 수가 있다.

고속도로 주행능력에서
골목길 주행역량으로

　　　　　　지금까지 접해 보지 못한 문제나 복잡하고 예측키 어려운 문제에 부딪치게 되면 당황하거나 도망가고자 하는, 책임 회피적인 행동을 하는 직장인들이 있다. 항상 현재 상황의 틀 내에서만 해결하거나 개선코자 노력한다. 과거의 메커니즘에 속박되어 거기에서 출발해서 생각하는 철저하게 내부지향적인 사고다. 이런 직장인들은 결론을 내리지 못하고 책임회피를 위한 변명과 이유에만 골몰하게 된다. 그러다가 결정을 해야 하는 막다른 상황에 몰리게 되면 맥락도 없는 결론을 내리고 그럴듯한 이유를 붙이곤 한다. 이런 사고와 태도는 한번 정해진 목표와 방향에만 매진하는 데 습관화되어 왔기 때문이다. 이것을 나는 잘 닦여져 있는 고속도로 주행능력이라고 부른다. 그저 허둥지둥 앞만 보고 열심히 뛰기만 했지, 실행해 가면서 즉각적으로 방향을 조정해 가는 훈련과 교육을 쌓지 못한 것이다. 통상 일의 노예가 되어 한 분야의 전문능력만을 고집하는 그저 그런 봉급쟁이 직장인의 자세와 행동일 가능성이 높다.

　하지만 아무리 과거의 경험이 전혀 통하지 않는 불확실한 상황이라고 해도 적기에 명쾌한 장래의 시나리오를 만들어 내는 사고가 필요하다. 움직이면서 판단하고 동시에 실행해 나가는 사고, 바로 변화의 흐름을 스스로 간파하는 전략적 사고역량으로 앞을 내다보는 폭넓은 통찰력이다. 이것을 나는 꼬불꼬불한 골목길 주행역량이라고 부른다. 통상 일의 주인인 슈퍼 직장인이 가질 가능성이 높은 자세와 행동이다. 지금은 시시각각으로 변화하는 조류에 대해서 연속적으로 판단하고 행동하지 않으면 안 되는 격변의 시대다. 혹자는 어디로 튈지 전혀 예측하기 어려운 럭비공 변화의 시대라고 말하지 않던가?

P사의 김 명장이 설비장애가 발생하는 곳에 항상 제일 먼저 달려가서 선배들 옆에서 배우는 이유도 변화가 극심한 꼬불꼬불한 골목길 주행역량을 기르기 위해서다. 설비장애는 다양한 요인들로 언제 어디에서 일어날지 모른다. 전혀 예상치 못한 엉뚱한 곳에서도 일어나기 때문이다. 때로는 한 방향으로 뻗쳐 있는 고속도로보다 꼬불꼬불하고 질퍽한 낯선 골목길로도 안전하게 주행할 수 있어야 한다. 전자는 이미 정해진 규칙과 패턴대로 정확히 갈 수 있는 능력(운전기능)을, 후자는 주변 상황에 즉각적으로 대처할 수 있는 역량(방어운전 등의 경험)을 더 필요로 한다. 일하는 재미와 열정은 고속도로를 주행할 때보다 변화가 많은 골목길을 주행할 때 더 크게 일어날 수 있다. 골목길 주행역량을 가지려고 노력할 때 지루하거나 졸리지 않고 일이 더욱 재미가 있게 되는 법이다.

보이는 문제 해결에서
보이지 않는 문제 해결로

변화와 혁신의 효과성을 크게 실감하지 못하고 피로감을 느끼는 경우가 많다. 이는 일하는 재미와 열정이 일어나지 않는다는 뜻으로 나는 그 가장 큰 요인을 보이지 않는 문제 발굴과 그 해결력에서 찾는다. 일의 노예인 그저 그런 직장인은 누군가에 의해 이미 발견된 보이는 문제 해결에 초점을 두고 일한다. 조직에 보이지 않는 문제다운 문제, 소위 고질적인 문제들을 스스로 발굴해서 해결코자 하는 노력이 미흡하다. 심지어 과거에 누군가가 이미 수행했던 과제들을 문구만 살짝 바꾸어서 몰래 내어놓고 반복하는 경우도 있다. 소위 속임수 과제, 일하는 척하는 눈가림식 열정으로 변화와 혁신의 효과성을 전혀 느낄 수가 없게 된다.

하지만 일의 주인인 슈퍼 직장인은 폭넓은 통찰력으로 현재 조직에 중대한 영향을 미치거나, 앞으로 미치게 될 보이지 않는 문제들을 스스로 찾아내어 해결하는 데 심혈을 기울인다. P사의 김 명장이 설비장애 시에 항상 넓은 시야에서 사태를 바라보고 돌파구를 찾으려고 노력하는 것과 같다. 이는 보이지 않는 문제 발굴 자체가 더 나은 가치창출 행동이 되고, 매력 있는 일다운 일감으로 연결된다는 것을 말한다. 급한 불을 끄는 일에만 집착하지 않고 큰 숲을 보는 태도로 복구 과정에서 안전재해 요인은 없는지를 살피거나, 다른 실수로 2차 사고로 이어지지 않게 노력한다. 안전이 최우선이란 사고를 체화시키고 복구 후 발생하는 반복적인 사고를 없애기 위해서다.

숨겨진 문제다운 문제를 발굴하여 해결할 수 있는 깊고 폭넓은 사고역량과 자세야말로 그저 그런 봉급쟁이 직장인과 조직에서 알아주는 슈퍼 직장인(직무장인)을 구별하는 기준이 될 수 있다. 보이는 문제 해결 능력도 반드시 필요하지만 보이지 않는 새로운 문제를 발굴하고 해결코자 노력할 때 일이 더 재미가 있게 되는 법이다.

외형적 수치 판단에서
성장잠재력 판단으로

일의 주인인 슈퍼 직장인(직무장인)이 되려면 가져야 할 또 하나의 역량이 있다. 소속된 회사(혹은 조직)의 변화관리 수준과 경영 상태의 건전성 여부에 대한 시각과 판단 역량이다. 나는 기업도 생명을 가진 조직체로 보고 사람의 체중 변화와 똑같은 논리로 판단한다. 사람의 체중 변화가 건강 여부를 가늠하는 하나의 기준이 될 수 있기 때문이다. 변화 폭이 갑자기 심하게 커지면 몸속에 어떤 병이 생겼다는 시그널이요, 반면에 체중의 대소에 관계없이 늘 일정하게 유지한다면 건강하다고 판단하게 되는 경우와 같다.

회사 경영 상태의 좋고 나쁨에 대한 판단도 마찬가지다. 일시적인 외형성장에 그치고 있느냐, 아니면 장기 성장잠재력이 확충되고 있느냐 하는 두 가지 측면이다. 외부 경영 환경 변화의 영향으로 단기 이익 변동의 진폭이 크게 요동치는 경우라면 위험한 경영 상태로 진단해야 옳을 것이고, 반면에 어떠한 경영 환경에서도 계속해서 비교적 안정된 이익을 내고 있다면 건강한 경영상태라고 할 수가 있다. 나쁜 경영자나 리더들은 이러한 경영 성과의 두 얼굴을 가지고 이해관계자들을 현혹시킨다. 경영 상태가 나쁘면 외부환경의 탓으로 돌리고, 좋으면 자신들의 노력이라고 과시한다.

때문에 단순히 어느 한 시점에서의 재무제표상에 나타나는 수치만으로 경영 상태의 좋고 나쁨을 판단하는 것은 옳지 않다. 변화폭을 시계열 측면에서 들여다봐야 하며, 수치 속에 숨겨져 있는 다양한 요소들의 영향 정도가 정확하게 파악될 때 판단이 가능하다. 의사가 매번의 종합 건강 검진 결과를 과거와 비교해서 그 변화 정도를 판독하고 숨은 원인을 찾으려고 노력하는 경우와 같다.

통상 이런 판단 과정을 생략하고 자신의 자리보전을 위해서 단기업적 중심의 한탕주의 경영 의사결정을 하는 경우가 많다. 더욱이 이런 자세와 행동이 계속 성장, 존속해야만 하는 기업조직의 생리를 거슬리는 보이지 않는 범죄인데도 심각하게 인식하지 못한다. 그 결과 수십 년은커녕 몇 년도 못 가서 결국 소멸되는 기업들도 생기게 된다. 모두를 불행하게 만드는 참으로 나쁜 자세와 행동이다.

따라서 기업의 지속성장 가능성 여부는 외형적인 양적 확대 차원이 아니라 내면적인 성장잠재력 확충 차원에서 판단해야 옳다. 하지만 효과가 장기에 걸쳐서 나타나는 성장잠재력을 확충하는 노력보다는 남에게 빨리 보여줄 수 있는 양적 확대에 치우치는 경우가 많다. 삶의 추구방식과 행동 결과에 따라 사람의 품격에 차이가 나듯이, 경영의 방식과 성과 내용에 따라서 기업의 됨됨이도 다르다. 몸담고 있는 회사(혹은 조직)의 경영 상태를 단순히 보이는 외형적 수치가 아닌 성장잠재력 차원에서 판단코자 할 때 일하는 재미와 열정은 더 높아질 수가 있다. 나타난 각종 수치의 변화정도를 판독하고 수치 뒤의 숨은 원인을 찾으려고 노력하는 데서 일이 더 재미가 있게 된다.

학력學歷에서
학력學力으로

P사 김 명장의 최종 학력學歷은 포항제철공업고등학교다. 비록 지방 공고 출신자이지만 지금은 어느 누구보다도 높은 몸값을 가지고 대우받는 자리에 올라와 누구 못지않게 의미 있는 삶, 성공적인 삶을 영위하고 있다. 그것은 비록 학력學歷(이력)은 높지 않지만 P사에 입사를 한 후에 묵묵히 학력學力(실력) 키우는 노력을 통해 일하는 재미와 열정의 강도가 약해지지 않았기 때문

이다.

우리 사회는 학력學力이 아닌 학력學歷을 중시하는 분위기다. 고교 평준화 이후 좀 나아지고 있지만 과거에는 더욱 심했다. 명문고, 명문대학 출신자는 어느 조직에서나 우대하는 소위 간판 중시 풍토였다. 지방고등학교, 지방대학 출신자는 능력과 역량이 있고 없고를 떠나서 아예 어디를 가나 푸대접을 받았다. 이런 사회 풍토는 지금도 여전하다.

나는 오래전에 서울 명문고와 명문대를 졸업한 직원이 자신의 간판만 믿고 안주하다가 점차 역량을 인정받지 못해서 일찍 퇴사하는 경우를 보았다. 갈수록 지방대학을 나온 직원들보다 오히려 실력이 못하고 성과도 저조하니 오래갈 수가 없었던 것이다. 명문대를 나왔다는 학력學歷만 내걸고 정작 학력學力 키우는 노력을 게을리했기 때문에 일하는 재미와 열정을 상실한 얌체족이 되어버렸다. 나는 이런 사람을 진짜배기 같은 가짜라고 부른다.

'일 따로 학습 따로' 에서
일을 통한 자율학습으로

일의 노예가 되어 어쩔 수 없이 일하는 그저 그런 봉급쟁이 직장인은 통상 일과 학습을 별개로 생각한다. 직무수행과 관련해서 일어나는 매일의 일들을 학습으로 여기지 않는다. 때문에 일을 통한 가치 창조적인 학습의 여지가 전혀 일어나지 않는 경우가 많다. 매번 새롭게 일하는 방법을 고안하기보다 늘 하던 대로 답습하는 데 습관화되어 있기 때문이다. 일하는 재미와 열정이 크게 일어나지 않는다. 하지만 일의 주인이 되어서 하고 싶어서 열심히 일하는 슈퍼 직장인(직무장인)은 매일의 일 자체가 학습이요, 역량향상의 수단으로 여기며 귀중한 하루하루의 시간을 불태운다. 갈수록 일하는 재미와 열정이 약해지지 않고 더 크게 일어나게 된다.

P사 김 명장의 정비역량도 설비사고와 설비고장 상황들을 수없이 해결하면서 쌓아온 현장 경험이었다. 설비가 있는 곳에는 언제나 김 명장이 있다. 설비장애 발생 시에 제일 먼저 달려가서 복구하는 선배들 옆에서 주의 깊게 듣고 메모를 하면서 배운다. 현장의 일이 기술적인 이론도 필요하지만 대부분 경험으로 판단해야 하는 상황이기 때문이다. 그는 현장에서 쌓은 경험이야말로 살아 있는 가장 소중한 지식이요 진정한 역량이라고 말한다. 현장에서 일어나는 어떤 문제이든 호기심을 갖고 접근하여 해결방안을 고안해 내는 직무수행 방식이 습관화되어 있다. 정비 업무를 수행하다가 잘 모르는 것이 생기면 끊임없이 파고든다. 그리고 자신의 경험과 노하우를 후배들에게 전수하는 일에도 심혈을 쏟고 있다. 공장 한쪽에 교육장을 별도로 만들어 실제 설비를 직접 보고 만져 가면서 배우게 하는 현장 중심의 노하우 전수를 실천하고 있다.

직무수행 역량향상은 조직 주도의 간헐적인 교육보다 일을 통한 현장 자율학습 열정의 강도에 좌우된다고 할 수 있다. 열정적인 사람은 누군가가 시키지도 않았는데 어떤 일이든지 자기 주도적이고 적극적이다. 항상 강한 문제의식을 가지고 보다 나은 개선점을 찾으려고 노력한다. 누구와도 활발하게 토론하며 일을 통한 의미탐구적인 학습의 열정이 결코 약해지지 않는다. 조직 구성원들 간의 상호 지식과 경험들이 공유되고 축적되는 속도도 매우 빠르다. 조직 내에 선의의 학습경쟁이 자연스럽게 일어나 건강한 긴장상태가 유지된다.

그리고 학습을 통한 역량향상의 정도를 수시로 점검하면서 일한다. 역량향상의 속도를 확연히 볼 수 있을 때 일하는 재미와 학습열정은 약해지지 않고 지속될 수 있기 때문이다. 일을 통한 자율학습의 재미와 가치창조를 통한 보람을 느끼는 것, 일의 주인인 슈퍼직장인의 가장 기본적인 역량향상 프로세스다.

성격 강점을
역량향상으로

P사의 김 명장은 어릴 때부터 호기심이 많은 성격이었다. 라디오 같은 전자제품이나 기계장치를 망가뜨려 부모님께 혼이 난 경우가 많았다고 한다. 무엇이든지 궁금해하고 주의 깊게 살펴보는 성격이 강점이었다. 그의 살아있는 현장 경험지식도

무엇이든지 의문을 갖고 접근해서 해결방안을 찾아내고야 마는 호기심이 밑바탕이 되었다고 할 수 있다. 자신의 남다른 성격 강점을 역량개발로 이어지게 만든 것이다. 이것이 일하는 재미와 열정의 강도를 높여서 명장의 자리에까지 오르게 한 근본 요소다.

사람은 누구나 각기 저마다 타고난 좋은 성격을 가지고 있다고 한다. 성공적이고 행복한 삶으로 이어지게 하는 성격 면에서의 남다른 강점이다. 긍정 심리학자들은 이러한 개인이 가진 성격 강점을 찾아서 꾸준히 개발하여 활용하게 되면 시간이 흐름에 따라 더욱 발전되어 자신의 탁월한 재능이 될 수 있다고 주장한다. 그래서 일의 주인인 슈퍼 직장인은 평소 자신의 성격을 점검하고 의미(가치) 탐구적인 학습의 성격(창의성, 호기심, 개방성 등)으로 증진시킨다. 성격도 노력을 통해 개발될 수 있기 때문이다. 남다른 성격 강점을 찾아 역량향상으로 이어지도록 노력할 때 일하는 재미와 열정은 더 크게 높아질 수가 있다.

Hearing에서
Listening으로

원래 호기심이 많은 P사의 김 명장은 선배들이나 동료 직원들의 말에 귀 기울여 배우는 태도가 습관화되어 있다. 설비 장애(고장, 사고 등)에 대한 그들의 말들은 하나도 빠뜨리지 않고 메모를 하면서 주의 깊게 듣는다. 일을 통한 역량향상의 한 방식이다. 들어도 듣지 않는다는 말이 있다. 그냥 귀로 듣는 것과 경청하는 것은 전혀 다름을 강조한 말이다. 그냥 들어주는 시늉을 하는 태도(hearing)는 시간 낭비에 불과하지만, 상대방의 입장이 되어 적극적으로 귀 기울이는 경청 자세(listening)는 상대의 지식과 경험을 습득하는 역량향상의 학습 기회이자, 일하는 재미와 열정을 드높이는 요소라고 할 수 있다. 경청을 통해 자신의 역량이 향상됨을 느낄 때 일이 더 재미있게 되는 법이다.

그런데 일반적으로 사람은 말하는 것보다 듣는 속도가 4~5배나 빠르다고 한다. 그러니 듣기보다는 오히려 자신이 이야기하고 싶은 생각만을 하게 되고 상대가 생각하는 동안에 조바심을 내기가 쉽다. 들어도 듣지 않는 현상이 생기게 되는 것이다. 남의 말을 듣는 것보다 자신이 말하기를 좋아해서 조직 내에 제대로 소통이 잘 안 되기도 한다.

일의 노예가 되어 어쩔 수 없이 열심히 일하는 그저 그런 봉급쟁이 직장인들은 통상 주어진 과업을 어떤 식으로든 자신의 계획된 일정 내에 처리하는 데에만 관심이 집중되어 있다. 지나치게 이런 생각을 갖게 되면 조직의 활력을 저하하는 올바르지 못한 태도나 행동들이 나타날 가능성이 매우 높다. 듣기보다 말하기를, 솔선해서 보여주기보다 지시하는 태도가 몸에 배게 된다. 자연히 성격이 급하고 배려심이 부족하여 상대방의 입장을 이해하려는 공감 능력도 약하다. 이 모두가 경청을 통한 자신의 역량향상은커녕 상대방의 일하는 재미와 열정까지 크게 저하시키는 원인이 될 수가 있다.

경청자체가
교육이다

　　직위가 높은 리더일수록 듣기와 말하기의 순서가 올바르지 못한 경우가 많다. 상대의 말에 경청하기보다 자신의 의견이나 주장을 앞세우는 경향이다. 이러한 리더의 행동들은 직원들로 하여금 일하는 재미와 열정을 약화시키거나 조직 일탈逸脫을 부추기는 원인이 될 수가 있다. 아침에 일어나면 직장에 나가고 싶은 생각이 나지 않게 되고 출근해서도 괴롭고 피곤하다. 리더가 보지 않으면 일을 게을리하거나 급기야 그런 리더와 함께 일하는 것이 싫어서 퇴직하는 직원들도 있다.

　　"리더의 귀는 열려 있어야 한다."는 말이 있다. 누구와도 터놓고 대화할 수 있는 열린 마음을 가진 리더, 직원들이 언제 어디에서든 쉽게 접근할 수 있는 편안한 리더라야 한다는 뜻이다. 일의 주인인 슈퍼 리더는 직원들이 속으로부터 내뱉는 비난의 소리나 비판적인 의견들을 주의 깊게 들을 줄 안다.

　　그리고 경청행위 자체로 끝나지 않고 어떤 형태로든 반드시 감동적인 방법으로 피드백을 해준다. 경청은 일하는 재미와 열정을 더 높이고 직장생활의 즐거움을 유발시키는 효과적인 동기부여 방법이자, 그 자체가 교육이기 때문이다. 경청 자세와 피드백 행동이 몸에 밴 슈퍼 리더는 강압적이거나 고압적인 자세가 아니다. 친절하게 알려주는 선배이자 컨설턴트요, 격려하며 이끌어 주는 코치다. 그리고 의사소통이 빠르고 정확하며 역동성이 넘치는 협력의 인간관계를 만들어 낼 줄 안다. 슈퍼 리더 밑에 슈퍼 부하가 나올 수 있다.

평가 점수에서
평가 피드백으로

일의 노예가 되어 어쩔 수 없이 열심히 일하는 척하는 그저 그런 봉급쟁이 직장인은 통상 평가점수에 더 관심이 많다. 당장 자신이 얻고자 하는 어떤 외재적인 보상(급여와 보너스, 승진과 지위 등)과 직결되기 때문이다. 그래서 남보다 상대적으로 점수가 높으면 기분이 좋고 평가 결과에 대해 수용성이 높지만, 점수가 낮으면 그 반대의 현상이 즉각적으로 나타나게 된다. 하지만 일의 주인이 되어 하고 싶어서 열심히 일하는 슈퍼 직장인은 평가 점수보다 평가 피드백에 더 관심이 많다. 당장 자신의 역량향상과 직결되기 때문이다.

일의 주인인 P사의 김 명장은 자신의 정비 직무수행 실적에 대해 상사(부장이나 임원)로부터 구체적인 지적이나 의견을 많이 듣고 싶어 한다. 자신이 한 일에 대해서 잘못한 것과 향후 보완할 것을 알고 싶어 하기 때문이다. 그리고 과거의 정비실적과 정비 이후의 조업 데이터를 빠짐없이 정리하여 두었다가 설비 장애의 원인과 개선점을 찾는 데 참고한다. 평가 피드백을 일을 통한 역량향상의 한 방법으로 생각하기 때문이다.

앞으로 노력해서 채워야 할 부족한 부분을 정확히 알게 될 때 일에 대한 자신감과 학습 열정은 크게 높아질 수 있다. 따라서 평가란 어떤 성과에 대해 단순히 등급을 매기는 것이 아니다. 피드백을 통해서 일에 대한 도전 의욕을 유발하는 동기부여 방법이자, 리더와 직원 모두의 역량을 향상시키는 효과적인 학습 방법인 것이다.

평가 피드백을 통해 어떤 개선점을 발견했을 때 일하는 재미와 열정은 더 높아질 수 있다. 하지만 향후 교정 방향을 구체적으로 조언하는 평가 피드백은 평소 리더의 학습 열정을 통한 역량향상이 전제되어야 가능하다.

내가 경험한
평가 피드백의 효과성

나는 대학생들을 한정된 시간과 장소에 가두어 놓고 실시하는 필기시험보다 며칠간 충분한 시간을 주어서 깊이 생각하게 만드는 홈-테이킹(Home-taking) 시험방식을 선호한다. 미리 한두 가지의 과제를 제시하고 한 학기 동안 학습한 내용을 중심으로 나름의 의견과 주장을 서술케 하는 리포트 작성 방식으로 창의력을 보다 높일 수 있기 때문이다.

리포트 평가는 크게 두 부문으로 나누어 이루어진다. 먼저 제출된 개인별 리포트 내용을 꼼꼼하게 읽은 후에 잘한 부분과 미흡한 부분으로 나누어 그 이유와 논거를 자세하게 적는다. 그다음 나름의 주장이나 제안이 얼마나 많이, 잘 서술되어 있는지를 카운트해서 점수를 매긴다. 그런데 통상 관련된 책자에서 쉽게 찾을 수 있는 이론이나 개념 중심의 설명으로 그치는 리포트가 많다. 이런 학생들에게는 아무리 논리구성이 정연해도 높은 점수를 주지 않는다. 반면에 왜 낮은 점수를 받게 되는지를 알게 하는 데 주안점을 두고서 매우 구체적인 코멘트를 붙여 피드백한다. 필기시험 방식보다 더 많은 시간과 노력이 필요하다. 평소에 새로운 이론 서적이나 관련 논문들을 읽고 실력을 쌓지 않으면 어렵다. 필기시험 방식보다 결코 쉽지 않다.

학기말 시험이 끝난 어느 날 B학점을 받은 한 학생으로부터 E-mail을 받았다. 평가점수에 대한 불만이 아니라 구체적으로 지적하고 코멘트해 주어서 고맙다는 내용이었다. 지금까지 담당교수로부터 그러한 평가 피드백을 받아 본 적이 없다는 것이었다. 평가 피드백을 지식과 역량향상의 중요한 수단으로 여기고 있는 학생이었다. 비록 지금은 낮은 점수를 받았지만 크게 만족하고 있었으며 앞으로 '학습(일)하는 재미와 열정'이 크게 높아져 A+(슈퍼 A) 학점을 받는 슈퍼 학생이 될 수 있을 것이라는 생각이 들어서 매우 기뻤다. 리포트 평가피드백이 교수와 학생 모두의 역량을 향상시키는 효과적인 학습 방법이라는 사실을 깊이 인식하게 된 의미 있는 경험이었다.

일하는 재미와 열정을
높이는 교육방식

교육과 학습의 개념은 정반대다. 교육은 누구를 가르쳐 기른다는 수동적인 의미라면, 학습은 자신이 스스로 배워서 익힌다는 능동적인 의미를 갖는다, 이런 개념에서 볼 때 조직주도의 교육보다 개인 주도의 현장 자율학습 방식이 훨씬 효과적인 것만은 틀림이 없다. 자율성은 식욕과 같이 강한 욕구이기 때문이다. 하지만 일의 노예인 그저 그런 봉급쟁이 직장인은 통상 조직주도의 간헐적인 교육을 주된 역량향상 방법으로 여긴다. 그래서 대부분 현장 자율학습의 보완책으로 조직주도의 교육을 실시하고 있다. 문제는 교육의 효과다.

통상 직장교육은 조직에서 이미 계획되어 있는 교육프로그램에 의해 실시하게 된다. 직원 개인의 의도와는 관계없이 획일적이고 일괄적인 교육이다. 자연히 실시 횟수나 건수 위주의 형식적인 교육이 되고 어쩔 수 없이 교육을 받는 현상이 생기게 되어 들어가는 비용만큼이나 교육 효과가 낮다. 쉽게 말해 교육을 받은 자와 받지 않은 자가 직무수행에 크게 차이가 나지 않는다. 내가 경험한 바에 의하면 특히 리더십 교육이 더욱 그렇다.

따라서 교육의 효과를 높이려면 스스로 받고 싶어 하는 구성원 개인 주도의 교육이 되도록 하면 된다. 크게 두 가지 교육 혁신 방법을 생각해 볼 수가 있다. 그 하나는 교육과 학습을 병행 운영하는 체제다. 본 교육 전에 교육 자료를 제공해서 문제의식을 갖게 하는 사전학습(1단계), 자발적인 참여를 유도하는 문제 해결 중심의 맞춤형 본 교육(2단계), 실행력을 높이기 위한 자기 주도적인 사후학습(3단계) 프로세스다. 주로 사전, 사후학습은 온라인 방식으로, 본 교육은 교육생 주도의 발표 및 토론방식인 오프라인 교육으로 진행되는데 실제로 큰 효과를 거두고 있는 방법이다.

또 하나는 교육 대상자 선정 시스템이다. 사전에 알찬 내용의 교육과정을 개발해서 공지를 한 후에 조직 구성원 각자가 스스로 신청토록 하는 방법이다. 조직이 임의로 설정해 놓은 필수 교육과정들을 가능한 선택 교육과정으로 전환해서 직원들이 자신의 역량개발 로드맵과 일정에 맞추어서 자율적으로 선택하는 것이다. 자신의 역량향상과 직무수행에 도움이 되겠다고 판단이 되면 스스로 신청해서 받게 되는 프로세스다. 하지만 흥미와 관심을 갖게 하는 알찬 교육과 효율적인 방법이 전제되어야만 가능하다.

대학 및 대학원에서 실시하는 선택과목의 교육운영 방식과 같다. 매학기 교수가 강의 내용을 개발해서 공지를 하고 학생들이 자율적으로 수강 신청토록 한 후에 최소한 10명 이상의 수강생이 있는 과목만 개설하는 방식이다. 이럴 경우 어쩔 수 없이 받는 교육이 아니라 받고 싶어 하는 교육이 되어 역량향상을 통해 일하는 재미와 열정은 더 크게 일어날 수가 있다.

어느 고아 소년의
역량향상 방식

어느 고아 소년은 어려서부터 마을에서 제일가는 사냥꾼 외삼촌에 의해서 길러졌다. 아직 열 살밖에 안 된 어린 소년은 외삼촌과 같은 뛰어난 사냥꾼이 되는 것이 꿈이었다. 외삼촌을 모델링으로 한 소박한 꿈을 스스로 설계한 것이다. 이러한 소년의 마음을 읽은 외삼촌은 어느 날 사냥길에 나서다가 멀리서 물끄러미 쳐다보는 소년에게 손짓했다. 조카를 마을에서 가장 뛰어난 사냥꾼으로 만들어야겠다는 생각에서였다. 그게 무슨 뜻인지를 아는 소년은 기쁨에 가득 차 외삼촌을 따라나섰다. 두 사람은 말없이 눈빛과 태도로 서로의 마음과 의향을 알아챘다. 자신의 꿈을 알고서 손짓하는 외삼촌이 좋아서, 그리고 그 꿈을 이룰 수 있겠다는 생각에 기뻐서 어쩔 줄 몰랐다.

그들은 종일토록 사냥에 열중했다. 수확이 아주 좋은 하루였다. 그날 이후 그렇게 함께 계속 사냥을 다녔다. 외삼촌은 사냥하고 소년은 외삼촌을 따랐다. 소년은 열정을 쏟아 일하면 반드시 좋은 성과를 낼 수 있다는 사실을 직접 보고 깨달을 수 있었다. 처음에 소년은 외삼촌을 따라다니면서 그저 바라보기만 했다. 외삼촌은 거의 말이 없었다. 소년이 질문해도 외삼촌은 좀처럼 대답을 하지 않았다. 그래서 소년은 점차 질문하지 않게 되었다. 그들은 말없이 사냥을 했고 소년은 외삼촌이 사냥하는 모습을 주의 깊게 바라보았다. 외삼촌은 훌륭한 스승이었다. 사냥 기술을 잘 알고 있었지만 아무 말도 없이 실제 행동으로 보여주기만 했다. 스스로 '더 나은' 사냥을 경험토록 유도하기 위해서였다.

외삼촌은 점차 소년이 매우 영리하고 민첩하다는 것을 알아차렸다. 오래지 않아 소년은 외삼촌을 따라할 수 있게 되었다. 소년은 이제 본격적으로 사냥을 거들었고 마을에 내려와서도 외삼촌을 주의 깊게 바라보았다. 외삼촌이 사냥 준비를 하고 계획을 세우는 것을 주의 깊게 살펴보았다. 특히 외삼촌이 무기의 장비를 조심스럽게 손질하는 것을 주시했다. 얼마 되지 않아 소년은 자기 장비를 똑같은 방법으로 준비할 수 있었다. 소년은 사냥에 대해 특별한 교육을 받지 않고도 사냥하는 기술과 역량을 향상시킬 수 있었다. 매일의 일(사냥)을 통한 현장 자율학습이었다. 누가 시켜서가 아니라 스스로의 학습열정을 통한 역량향상 방법이었던 것이다.

어느덧 소년은 마을에서 제일가는 사냥꾼으로 이름이 났다. 그들은 더 이상 스승과 제자 사이가 아니라 한 팀이었다. 서로 말을 안 해도 각자 사냥에서 무엇을 해야 하는지 알았다. 그들은 함께

함으로써 혼자보다 훨씬 훌륭히 사냥을 해냈다. 날이 갈수록 외삼촌은 소년에게 자신감과 함께 기술과 힘이 자라남을 느꼈다. 드디어 소년은 어릴 때 품었던 꿈이 성취되는 기쁨을 가질 수 있었고, 외삼촌은 조카가 자신을 능가하는 훌륭한 사냥꾼이 되게 했다.

이상은 Manz & Sims의 《슈퍼 리더십》에 나오는 〈어느 고아 소년과 사냥꾼 외삼촌〉에 대한 이야기다. 현장 자율학습을 통한 역량향상 방식이 일하는 재미와 열정을 높인다는 사실을 보다 깊이 이해할 수 있는 내용이라 나름대로 그 의미를 찾아보았다.

높은 몸값은
하루아침에 되지 않는다

최근 청년들의 취업 문제가 정치, 사회적인 핫이슈가 되고 있다. 통계청의 발표(2018.5)에 의하면 전체 청년실업자는 112만 1천 명이고 실업률은 10.5%라고 한다. 청년실업자 100만 명 이상의 시대가 계속 이어지고 있다는 통계다. 힘든 고3 시절을 보내고 어렵게 대학에 입학해도 또 한 번의 취업 전쟁을 치러야 하는 상황이다. 그래서 수능시험이 끝나면 곧바로 취직시험 준비에 들어가거나 입학 후에도 일용직 알바를 통해 경력을 쌓는 것이 요즘 대학생들의 세태다.

그러나 취업이 아무리 어렵다고 해도 매년 일정 수의 젊은이들은 직장인이 된다. 당장 취업이 중요하겠지만 그 이후 자신의 몸값을 높여 조직에서 필요한 슈퍼 직장인이 되는 문제도 매우 중요하다. 출발선상에 선 그들의 모습은 비슷비슷해서 잘 분간이 되지 않고 입사 후 얼마간은 업무성과도 별 차이가 나지 않는다. 그러나 몇 년이 지나면 상황이 크게 달라진다. 한날한시에 똑같이 출발했지만 도달해 있는 지점은 같지를 않고 역량과 성과에서 우열이 드러나기 시작한다. 처음에는 일을 잘하다가도 시간이 지나면서 존재 가치가 흐려지는 사람이 있는가 하면 그 반대의 경우도 있다.

신입사원으로 출발해서 성장하고 계속해서 좋은 평가를 받으며 뛰어난 성과를 낸다는 것은 결국 자신의 몸값을 높이는 것과 같다. 자신이 맡은 분야에서 대내외적으로 알아주는 슈퍼 직장인으로 평가받아 어떤 분야에서 직무장인(명장, 명인 등)의 정상에 선다는 것, 곧 자기 이름 석 자를 명품 브랜드로 만드는 것이라고 할 수 있다. 일의 주인인 슈퍼 직장인(직무장인)은 연봉이 문제가 아니라 어디에서 어떤 일을 해야 계속 자신의 몸값(시장가치)을 높이어 명품 브랜드가 될 것인지에 초점을 둔다. 자신만의 차별화된 높은 몸값을 갖고 있을 때 몸담고 있는 조직은 물론 타 부서나 회사에서도 필요로 하는 존재가 될 수 있기 때문이다. 결코 교체멤버 대상이 될까봐 걱정할 필요가 없다.

하지만 유감스럽게도 그러한 직무장인의 몸값은 하루아침에 만들어지지 않는다. 어떤 상황에서도 일하는 재미와 열정이 약해지지 않고 지속될 때 얻을 수 있는 열매다. 수십 년이 걸려야 오를 수 있는 경지다. P사에서 알아주는 김 명장의 몸값도 장기간 일하는 재미와 열정을 잃지 않고 꾸준히 노력한 결실이다. 53세에 103개의 특허를 가지고 Apple사의 주식 가치에 맞먹을 정도인 스티브 잡스의 몸값, 국가브랜드 가치를 크게 격상시킨 피겨스케이팅의 여왕 김연아 선수의 몸값도 그렇다.

2 | 협력의 시너지 효과를 경험하라
- 숯불도 한 덩이는 쉬 꺼진다

조직 속에서 직무수행의 높은 성과 창출은 조직 안팎의 관련 사람들과 협력을 통해서만 이루어질 수 있다. 혼자서 그저 허둥지둥 열심히 일하는 것만으로는 일의 성과를 크게 높일 수가 없다. 그래서 워크(일)만큼이나 팀워크(혹은 네트워크)도 중요하다. 하지만 그것은 신뢰 기반의 인간관계에서 나오는 협력의 시너지 효과를 수시로 경험함으로써 일하는 재미와 열정이 더 크게 일어날 때 가능한 법이다. 숯불도 한 덩이는 쉬꺼진다.

오래전에 서울 동대문과 남대문 시장의 상인들을 대상으로 영업을 해서 전국 보험 여왕 상을 4번이나 수상한 어느 보험설계사에 대한 신문 기사를 읽은 바 있다. 불황 속에서도 높은 실적을 올려 H생명회사(이하 H사)의 명예상무가 된 '장 씨 아줌마'에 대한 내용이었다. 그녀의 일하는 재미와 열정은 남달랐다. 단순한 보험판매 차원을 넘어 고객의 많은 고민을 해결해 주는 사람으로 직무의 범위를 스스로 확대해서 실천한 것이다.

어느 날, 낙후된 남대문 상가를 세련되게 바꾸었으면 좋겠다는 상인 고객들의 불만과 고민을 듣고서 그 해결을 위해 많은 노력을 기울인 것이 한 예다. 상인들은 그에게 호감을 갖지 않을 수 없었고 신뢰도가 높아져 영업에도 많은 도움을 받았다고 한다. 고객의 일이 남의 일이 아니라 마땅히 해결해야 할 나의 일로 생각하고 보험직무의 범위를 스스로 확대해서 수행한 결과였다. 직무수행의 기준을 고객의 성공과 행복에 두고 일한 것이다. 갈수록 매일의 일이 즐겁고 재미가 있었으며, 보람을 느끼는 일도 많았다고 한다.

자신이 맡은 보험 상품 판매보다 고객과의 훌륭한 인간관계를 형성해서 유지하는 데 더 우선순위를 둔 것이다. 당장은 계약이 성사되지 않아도 멀리 보고 고객과 끈끈한 협력의 인간관계를 형성하는 일에 집중했다. 그래서 고객이 필요로 하는 가치 있는 존재가 된 것이다. 이것이 일하는 재미와 열정을 더 높여 남다른 성과 창출로 이어지게 한 그녀 나름의 일하는 방식이었다.

하지만 H사에는 장 씨 아줌마의 일하는 방식과는 다른 보험 아줌마도 있다. 일의 노예가 되어 오로지 자신의 보험 상품 판매에만 집중하는 김 씨 아줌마의 경우다. 그녀는 빠른 시간 내에 고객으로 하여금 보험에 가입시켜 당장 큰 실적을 올려서 더 많은 돈을 벌기 위해서 열심히 뛰는 직장인이다. 고객을 만나면 자신도 모르게 고객이 피곤할 정도로 보험 상품의 유리한 점만을 설명하는데 열을 올린다. 고객의 고충이나 요구사항을 듣는 시간은 적고 자신의 이야기가 더 많다. 통상적인 보험설계사 본연의 역할을 충실히 수행하는 직장인이라고 볼 수 있다.

그런데 이상하게도 그녀와 한 번 만났던 고객들은 후일 그녀를 보면 모르는 체 하거나 피하는 행동을 한다. 어쩔 수 없이 만나도 대화를 나누고 싶지 않다고 말한다. 그러나 고객이 왜 자신을 기피하고 피곤해 하는지, 무엇을 고민하고 알고 싶어 하는지를 모르고 그저 열심히 뛰어 다닌다. 갈수록 더욱 많은 고객들이 그녀가 찾아오는 것을 귀찮게 여기게 되고 아무리 열심히 노력해도 보험실적은 높아지지를 않았다. 결국 회사로부터 역량을 인정받지 못하고 실적이 낮아 급여도 적고 일하는 재미와 열정이 점차 약해지면서 다른 직장으로 옮기게 되었다.

이와 같이 똑같은 장소에서 똑같은 일을 하면서도 인간관계의 품질에 따라서 일하는 재미와 열정의 강도, 그리고 그 결과 나타나는 일의 성과와 만족도에 차이가 나는 경우는 흔하다.

숯불도 한 덩이는
쉬 꺼진다

"숯불도 한 덩이는 쉬 꺼진다"라는 옛말이 있다. 여러 개의 숯이 빨갛게 활활 타고 있는 데서 한 개를 꺼내 놓으면 그 한 개의 불은 쉽게 꺼지듯이 사람도 여럿이 힘을 모아야 일이 잘될 수 있다는 것, 워크만큼이나 팀워크(혹은 네트워크)도 중요하다는 뜻이다. H사의 장 씨 아줌마는 보험 상품판매의 일보다 먼저 고객과 상호협력의 네트워크를 형성하여 이를 유지하는 데 몰두했다. 그것이 명예상무로 등극된 성공요소였다.

한 조직 내에 성공적인 직무수행도 각 집단(부서나 팀)이나 구성원들 간의 튼튼한 팀워크가 뒷받침될 때 가능하다. 자신이 맡은 직무수행에만 몰두하는 것만으로는 의미 있는 가치창조가 어렵다. 조직 전체 차원의 가치증대 측면에서 볼 때 각 부문의 효율성이나 효과성은 큰 의미가 없을 수도 있기 때문이다. 하지만 전통적인 위계조직과 부서 할거주의에 의한 비효율성은 여전히 존재한다. 문제는 그것이 왜 구체적으로 조직성과에 저해가 되는 것인지에 대한 낮은 인식도일 것이다.

축구 경기에서 스타 한 사람의 역량보다 선수 모두의 단합된 조직력이 뒷받침될 때 승리의 가능성이 더 높은 경우와 같다. 그것은 '나의 공'이 아니라 '우리 공'이라는 사고가 체화되어서 나오는 즐거운 열정과 협력 때문이다. 소위 골은 11명 전체가 넣거나 먹는다는 전체의식이다. 어느 한 부문의 관점이나 이익 차원이 아닌 조직 전체 차원에서 최적의 효율성과 효과성을 확보코자 하는 사고와 노력이다. 이럴 경우 더 큰 즐거움과 기쁨을 느낄 수가 있게 된다. 성공한 조직에는 구성원 모두가 함께 뛰는, 일하는 재미와 열정이 있었다. 모두 함께 뛸 때 일이 더 재미있는 법이다. 숯불도 한 덩이는 쉬 꺼진다.

일하는 재미와 열정의
상승 나선효과

우리 민족은 원래 '내가 아닌 우리' 라는 하나 의식이 강하다. 여럿이 하나 되어 마음이 통하고 호흡이 맞으면 큰 위력을 발휘하는 민족이다. 단순한 플러스 개념으로는 파악되지 않는 일하는 재미와 열정의 상승 나선효과(upward spiral effect), 즉 그저 그런 단순한 단결력 차원이 아닌 너와 나 외의 제3의 힘인 협력의 시너지 효과다.

과거 포스코가 포항제철소 제3기 설비 건설 시에 전 임직원과 건설업체들이 추석 명절까지 반납하고 공사에 매진하였던 일이 있었다. 당시 기능인력 대량 투입이 어려워 예정된 공기 준수가 불가능한 위기상황을 극복하기 위해서였다. 건설업체나 회사 내의 건설 담당 부서에만 맡겨 두지 않고 회사 전체가 나선 것이다. 그들이 말하는 '전사 총력 건설 비상운영체제' 다. 모두가 함께 뛰는 일하는 재미와 열정으로 당면 위기를 극복한 의미 있는 사례 중의 하나다.

'우리'가 형성될 경우에는 특별히 리더가 따로 존재하지 않는다. 모두가 리더이면서 팀원이기도 하다. 언제나 자율적인 참여 분위기 속에서 '우리'를 형성시키고 리더는 언제라도 바꿀 수 있고, 누구라도 할 수 있는 그런 '우리'다. 하지만 일단 누군가가 일을 벌이고 나서게 되면 그대로 따라주는 그런 '우리' 의식이다. 마치 힘든 선두를 격려하며 먼 여정을 함께 하는 기러기의 팀워크와 같다. 일하는 재미와 열정의 상승 나선효과를 내고 성과에 대해서 함께 책임을 지는 전형적인 자율관리팀이다. 이것이 지켜나가야 할 우리 민족성의 원형질이다.

활력 고갈자에서
활력 창출자로

서울 동대문과 남대문 상가에서는 '장 씨 아줌마'라고 하면, 매일 새벽같이 우리 상가에 찾아오는 사람으로 자리매김하여 모르는 이가 없다. 단순히 보험 상품을 판매하러 오는 사람이 아니라 상인들의 다양한 고충거리들을 듣고 해결해 주려고 노력하는 사람으로 인식되어 있다. 항상 고객들의 일상생활에 즐거움과 행복감을 갖게 하는 활력 창출자인 것이다. 보험 판매자와 고객의 관계라기보다 자문역(멘토)과 상담자(멘티)의 관계인 것이다. 고객들은 장 씨 아줌마가 늘 기다려지며, 만나면 시간 가는 줄 모르고 허심탄회하게 대화한다. 이와 반대로 만나고 싶지를 않으며 혹 만나서도 피곤만 하고 가능한 한 빨리 헤어지고 싶은 보험 아줌마도 있다. 이런 현상은 어떤 직업, 어느 조직에서도 여러 가지 형태로 일어난다.

조직 내에 관련 구성원들과 회의를 할 경우를 보자. 회의에 참여했으면 하는 사람이 있는가 하면, 참석을 안 했으면 하는 사람도 있다. 전자는 평소에 좋은 인간관계를 가진 자들이다. 그들은 항상 회의 의제를 자신의 문제로 인식하고 발전 지향적인 의견을 개진하면서 적극적이다. 남(혹은 그들)의 일이 아니라 반드시 해결해야 할 나(혹은 우리)의 일로 여긴다. 조직 내에 사람들과의 상호작용에 활력을 불어넣어서, 어렵고 힘든 문제도 함께 해결되게 만드는 조직의 활력 창출자다. 일의 주인이 되어 일하는 재미와 열정이 높은 직장인의 자세와 행동 특성이라고 할 수 있다. 이런 사람이 참여할 경우에는 생산적인 회의가 될 가능성이 높다.

하지만 후자는 평소에 나쁜 인간관계를 가진 자들이다. 그들은 남의 의견이나 아이디어를 경청하지도 않고 오로지 자신의 주장만 내세우면서 방관자적인 자세를 취한다. 그리고 항상 부정적인 의견을 내어 놓고 디툼으로서 침석자들을 피곤하게 만든다. 상대방의 좋은 감정과 일할 의욕을 꺾어버리는 활력 고갈자다. 일의 노예가 되어 일하는 재미와 열정이 약한 직장인의 행동 특성이라고 할 수 있다. 이런 사람이 참여할 경우에는 파괴적인 회의가 된다.

　조직 내에 사람들 간의 상호작용에 활력을 가져다주는 긍정적인 인간관계 형성은 일하는 재미와 열정, 그리고 성과 창출을 크게 높이는 요소가 될 수 있다. 구성원들 개개인의 역량이 아무리 뛰어나도 그것이 조직의 가치증대와 비전실현에 기여하지 못한다면 아무런 의미가 없기 때문이다. 일을 통한 역량향상으로 조직이 필요로 하는 활력 창출자가 되려면 반드시 실천해야 할 포인트 중의 하나다. 일하는 재미와 열정의 상승 나선효과도 자신이 조직의 활력 창출자가 될 때 가능한 법이다.

일하는 재미와
열정을 높이는 일의 도우미

　　　　H사의 장 씨 아줌마는 자신의 보험직업을 오로지 돈 버는 수단으로만 보지 않는다. 일의 주인이 되어 고객들의 고민 사항들을 주의 깊게 듣고서 도움을 주고자 노력하는 생활의 활력 창출자다. 고민거리들이 해결되었을 때 고객의 기뻐하는 모습에 크게 만족하면서 일에 보람을 갖고 도와줄 요소들을 계속 찾아 나선다. 보험 상품 가입 여부에 상관하지 않고 함께 기뻐하면서 좋아한다. 축구경기에서 최종적으로 골을 잘 넣을 수 있게 도움을 준

선수와 같은 역할이나 느끼는 기쁨이라고 할 수 있다.

골인이 되는 순간 자신이 골을 넣은 것보다 더 크게 기뻐하면서 만족하는 상황과 닮은꼴이다. 하지만 일의 노예가 되어 어쩔 수 없이 열심히 일하는 그저 그런 봉급쟁이 직장인은 도움의 기쁨과 열정을 가질 수가 없다. 일하는 동기를 이기심에 기초한 자신의 무한한 욕망 충족에 두고 행동하기 때문이다. 조직 속에서 남의 일을 도울 때 생기는 기쁨을 자주 경험하는 것은 분명 일하는 재미와 열정을 더 높여서 강한 협력의 시너지를 창출하는 요소가 될 수 있다. 하지만 누가, 어떤 가치 있는 일을 했는지가 동시에 올바르게 평가될 때 협력을 통한 일하는 재미와 열정이 더욱 크게 일어날 수 있다. 때문에 유리한 여건을 만들어 준 도움 선수를 보다 높게 평가할 필요가 있는 것이다.

배고픔은 참아도
배 아픔은 못 참는다

"배고픔은 참아도 배 아픔은 못 참는다" "사촌이 땅을 사면 배가 아프다"는 옛말이 있다. 조직이 구성원들에게 주어진 보상의 많고 적음에 대해서 모든 구성원이 동등하게 인식할 경우에는 태도와 행동에 문제가 없지만, 상대적으로 적다는 차이를 느낄 때는 큰 문제가 발생하게 된다는 뜻이다. 즉 남도 배고프고 자신도 배고플 경우(동등한 처지)에는 괜찮지만, 남은 배부른데 자신은 배고픈 경우(적은 처지)는 일하는 재미와 열정의 강도가 떨어지면서 협력의 시너지 창출에 부정적인 영향으로 작용할 수 있게 된다는 것이다.

아무리 공정한 평가원칙과 제도, 합리적인 보상제도에 의해 나타난 결과라고 하더라도 아예 이를 인정하지 않는다. 남이 나보다 많이 받거나, 잘 되는 것을 보면 객관적으로 당연한데도 인정하려고 들지 않는 성향, 즉 배고픔은 참아도 배 아픔은 못 참는 성격 때문이다. 평가는 남이 하는 것인데도 받아들이지 않고 자신보다 잘한 것이 뭐냐는 식의 자기평가를 해 버린다. 타 동료의 평가와 보상에 관심이 많아 남을 도울 때 생기는 기쁨을 경험하기는커녕 자신보다 더 많은 급여와 인센티브를 받으면 이를 시기하거나 비난하기도 한다.

하지만 반대로 자신이 했던 노력에 비해 남보다 과대한 보상을 받는다고 느끼는 경우도 있다. 즉 남은 배고파하는데 자신은 배부른 경우(많은 처지)로 일반적으로 가장 크게 만족감과 행복감을 가진다. 남보다 크게 노력하지 않고서 얻게 되는 보상이라면 오히려 죄책감을 가져야 되는데도 그렇지 않다. 양심과 염치를 잃은 조직사회로 이끄는 하나의 원인이 될 수가 있다. 이러한 보상의 상대적인 대소차이(적은 처지와 많은 처지)에 대해 가지는 부정적인 시각과 태도는 통상 일의 노예인 그저 그런 봉급쟁이 직장인들이 가질 가능성이 매우 높다. 구성원들과의 협력을 해치고 일하는 재미와 열정을 약화시키는 요소가 될 수 있다.

비난과 꾸짖음에서
칭찬과 격려로

H사의 장 씨 아줌마는 사장으로부터 자주 칭찬과 격려의 말을 듣는다. 수차에 걸쳐 표창장과 특별보너스를 받은 바도 있다. 이런 사실이 사내외에 알려지면서 타 보험 설계사들의 부러운 존재가 되었으며, 갈수록 그녀의 일하는 재미와 열정은 더욱 높아졌다. 우리는 누구로부터 칭찬과 격려의 말을 들었을 때 신바람이 나서 열정적으로 일을 해본 경험이 있거나, 그렇게 행동하는 사람을 보곤 한다. 마치 동물원의 조련사들이 돌고래에게 손짓과 소리로 뭔가 칭찬하는 시늉을 하게 되면 신이 나서 더욱 춤을 잘 추는 것과도 같은 광경이다.

조직 구성원들이 직무수행 결과에 대해 리더나 동료로부터 가장 피드백을 받고 싶은 것이 "참 잘했어! 수고했어!"라는 진심 어린 칭찬과 격려의 말 한마디다. 이것은 일하는 재미와 열정을 더 높이고 협력의 시너지 효과를 창출하는 매우 긍정적인 피드백 단어들이다. 아침에 일어나면 빨리 직장으로 달려가서 그들과 함께 열심히 일하고 싶은 마음이 일어나게 만든다. 오로지 돈을 벌기 위해 어쩔 수 없이 나가는 괴로운 일터가 아니라 그들과 함께 어울려 일하는 것이 마냥 즐겁고 행복한 삶터가 되게 한다. 하지만 칭찬과 격려의 말에 익숙하지 않아서 잘못에 대한 비난과 꾸짖는 말이 앞서는 경우가 많다. 칭찬과 격려의 말을 자주 하거나 듣는 것은 분명 일하는 재미와 열정에 기초한 협력의 시너지 효과를 높이는 요소이다.

기러기들의
팀워크에서 배운다

H사의 장 씨 아줌마는 보험 상품판매보다 먼저 고객의 고민거리들을 찾아 해결해 주는 일에 더 집중했다. 고객의 문제가 곧 나의 문제요, 나의 일이라는 인식이다. 이러한 공감행동은 한 조직 내에 구성원들 간의 협력 관계를 형성해서 유지하는데도 중요한 요소다. 우리는 기러기들의 조직생활 속에서 그들의 공감 행동과 협력의 소중한 의미를 찾아볼 수 있다.

기러기 떼 중에서 선두에 있는 기러기는 끊임없이 날갯짓을 하면서 무리를 이끌어간다. 바로 리더 기러기로서 기류에 양력揚力을 만들어 뒤에 따라오는 기러기들이 쉽게 날 수 있도록 도와주는 역할을 한다고 한다. 그리고 뒤에 따라오는 기러기들은 긴 여정을 떠나는 동안 계속 울어댄다. 그 우렁차고 큰 울음소리는 거센 바람을 가르며 힘들게 날아가는 선두 기러기에게 보내는 응원의 소리라고 한다.

그리고 간혹 한두 마리가 무리의 대열을 이탈해서 날아가다가 다시 합류하는 모습도 볼 수 있다. 그것은 아프거나 지친 기러기와 이를 돕기 위한 다른 동료 기러기들이다. 같이 동행하면서 다시 힘을 내어 날 수 있을 때까지, 또는 죽을 때까지 아픈 기러기를 지켜주다가 다시 뒤집은 V자 대형의 무리로 돌아온다고 한다. 동료 기러기의 아픔을 나의 아픔으로 여기는 공감 행동이다. 이와 같이 일하는 재미와 열정의 강도는 어려움에 처한 동료 구성원들을 돕고 함께 할 때 더욱 커질 수 있다.

멀고 긴 여정을 갈 수 있는 원동력은 이러한 공감 행동에 기초한 무리 기러기들 간의 상호협력이다. 서로를 격려하고 돕지 않으면 그들 나름의 비전과 목표를 성공적으로 이룰 수가 없다는 것을 깊이 인식한 철새다. 기러기는 사람처럼 별도의 교육을 받지 않았지만 생존과 번영을 위해 자신들이 처한 환경과 위치에서 최상의 팀워크를 발휘하고 있는 것이다. 어쩔 수 없는 선택이었을지 모르지만 시사하는 바는 매우 크다. 실제로 우리가 기러기들보다 못한 경우도 있다.

일하는 재미와 열정을 높이는
상생협력의 효과성

　　　　　H사의 장 씨 아줌마는 극심한 불황 속에서도 국내 최고의 보험실적을 올려 보험 여왕 상을 네 차례에 걸쳐 수상했다. 그 근원은 바로 고객들과의 상생협력 네트워크다. 그녀는 평소 고객의 고민거리들을 적극적으로 찾아서 해결해 주고, 감동을 받은 고객은 그 반대급부 형식으로 거액의 보험에 가입하는 이른바 상생협력의 정신과 행동이다. 갈수록 보험직무의 소중한 의미를 더욱 깊이 인식하면서 일하는 재미와 열정이 더 크게 일어나게 된 것이다. 이것은 조직과 조직, 기업과 기업 간에도 똑같이 적용되는 성공 원칙이다.

전문가들은 글로벌 강대 기업들의 공통된 성공비결 요소 중의 하나로 관련 중소기업과 상생협력의 네트워크를 꼽고 있다. 해당 산업 분야의 대기업과 중소기업이 강력한 상호 협력의 네트워크를 형성해 더 높은 일하는 재미와 열정으로 우수한 제품을 만들어 낼 수 있었다는 것이다. 미국의 GM사를 추월한 일본의 도요타 자동차, 일본의 소니를 추월한 삼성전자, 신일본 제철소를 제치고 세계 최고의 철강 경쟁력을 가진 포스코가 그렇다.

모두가 자사의 경쟁력 향상 노력만으로는 기업생존과 번영이 어렵다는 사실을 인식하고 기술력 기반의 경쟁력 있는 강소기업들을 적극적으로 키워내는 노력을 쏟았다. 자사 중심의 부문 최적화 경영이 아니라 관련 산업 및 중소기업들과의 상생협력을 통한 전체 최적화 경영을 실천한 기업들이다. 이런 경우는 한 조직 내에 부서 (팀)와 부서 간에도 일어나는 현상이다. 그런데 우리가 주목할 것은 이러한 상생협력(혹은 동반성장)의 정신과 행동은 맡은 직무의 소중한 의미를 더욱더 폭넓게 찾게 하고 이것이 일하는 재미와 열정을 드높이는 요소로 작용할 수 있다는 사실이다. 맡은 직무의 소중한 의미는 그 자체로는 어떤 의미가 있는지를 인식할 수가 없고 평소에 수시로 이해관계자들과의 접촉을 통해서 가질 수 있기 때문이다.

협력의 기반,
신뢰의 인간관계

　　　　　어느 한 조직(팀)의 성과는 구성원들 개인별 역량을 뛰어넘을 수 있다. 다양한 경험이나 아이디어들의 상호교환 과정에서 발생하는 시너지 효과, 즉 함께 일하는 구성원들 간의 협력 때문이다. 하지만 그것은 신뢰 기반의 훌륭한 인간관계 형성에서 나오는 강한 조직의 활력이 뒷받침될 때 가능하다.

H사의 장 씨 아줌마는 매일 회사에 나와서 고객 200명을 만난다. 오전 6시 반에 출근해서 오후 10시에 퇴근한다. 잠은 하루에 3~4시간 정도다. 새벽 상인들의 일과시간에 맞춰 일찍 나와서 일

하는 생활을 수십 년간 해 오고 있다. 월 보험료 2000만 원인 연금 보험에 가입한 한 상인 고객은 "장 명예상무가 상가에 7, 8년간을 매일 같은 시간에 나타나는 것을 보고 신뢰를 갖고 거액의 보험에 가입하기로 했다."고 말한다. 장기간 한결같은 마음과 모습으로 고객의 마음을 사로잡은 것이다. 신뢰는 장기간 일관된 행동을 보여줘야 형성될 수가 있다. 고객들이 진정성을 단번에 알아차리기가 쉽지 않기 때문이다.

보험 여왕 장 씨 아줌마의 성공요소는 수많은 상인 고객들과 깊은 신뢰의 인간관계였다. 이것은 어떤 직업이나 조직 내 어느 직무에서도 필요한 성공의 기본원칙이다. 구성원들의 일하는 재미와 열정에 기초한 팀워크도 리더와 직원들, 직원들 상호 간에 깊은 신뢰의 인간관계에서 크게 일어날 수 있다. 누구나 자신을 이해하고 믿어주는 사람을 위해서 정성을 다해 열정을 쏟는 법이기 때문이다. 가지고 있는 강점과 잠재력을 마음껏 발휘하고 싶은 의욕이 여기에서 생길 수가 있다.

잦은 노사분규도 상호 불신의 관계에서 발생한다. 함께 일하는 상황을 서로 알리고 아는 신뢰 관계 유지에 빈틈이 생겼기 때문이다. 강한 기업문화를 가진 회사는 생산성과 그 결과에 따른 물적인 보상이라는 단순한 노와 사의 관계도식을 뛰어넘어서 깊은 신뢰로 엮어져 있다. 신뢰로 이어져 있는 조직은 겉으론 조용한 것 같아도 실제는 눈에 보이지 않는 활력이 크게 넘친다. 맡은 직무의 중요성을 깊이 인식하고 있으며 그 결과로 나오는 제품의 질도 물론 높다.

경영층과 리더는 어떤 약속도 반드시 지키며, 또 직원들은 그 약속을 믿는다. 서로의 입장과 마음을 이해하고 역량을 신뢰하는 이른바 '한 가족' 의식이다. 특히 직원들은 리더가 자기를 진심으로 알아줄 때 일하는 재미와 열정의 강도가 더 높게 일어난다. 그들의 처지를 이해하고 전폭적인 지원과 신뢰를 한다면 반드시 큰 변화가 일어나게 되어 있다. 그런데 그 신뢰의 인간관계는 인간 행위의 의미와 가치를 판단하는 근원적인 요소인 진실성에 기초한다. 하지만 통상 진실한 마음이 담기지 않은 거짓 행동(위선적인 행동)을 하는 경우도 있다.

조직 내외 이해관계자들과 불신의 인간관계 상태에서 허둥지둥 열심히 일하는 것만으로는 일의 성과를 높일 수가 없다. 불신의 인간관계가 조직사회에 많은 불협화음과 비효율성 문제를 발생시켜 협력의 시너지 효과를 저해하고 일하는 재미와 열정을 약화시키는 요소가 되기 때문이다. 신뢰의 인간관계일 때 일하는 재미와 열정은 더 크게 일어나는 법이다.

위선의 악취에서
진실의 향기로

위선(거짓)적인 행동의 반대는 참된 마음에서 나오는 진실한 행동이다. '하는 체 하는' 행동이 아니라 '하고 싶어서 하는' 행동이요, 일의 노예가 되어 어떤 외재적인 동기 요소(급여와 보너스, 승진과 지위, 명예와 권력 등)에 이끌려서 어쩔 수 없이 일하는 억지 행동이 아니다. 일의 주인이 되어 일 자체의 성취를 위해서 스스로 하는 즐거운 행동인 것이다. 따라서 일하는 재미와 열정의 강도가 크면 진실한 행동이, 작으면 위선적 행동이 될 가능성이 높고 상대방의 일하는 자세나 행동에 미치는 영향력 또한 크게 상반된다.

위선적 행동은 상대방이 크게 감동적으로 지각하는 긍정적인 행동이 되지 못한다. 겉으로는 성실하게 보일지 몰라도 모든 상황을 개인 자신의 이익을 위해 이용하는 행동으로 비춰지기 때문이다. 상대방이 농락당했거나 속았다는 인식을 하게 만듦으로써 큰 실망으로 이어지게 된다. 고객, 주주, 공급사 등 대외 이해관계자들과의 신뢰 관계 형성에 실패할 가능성이 매우 높다. 상대방으로 하여금 일하는 재미와 열정을 크게 약화시키는 요소로 작용하게 된다. 그래서 폭넓게 풍기는 나쁜 악취다.

반면에 진실한 행동은 높은 신뢰 기반의 협력과 성과 창출로까지 이어질 수가 있다. 상대방의 진실성이 실제로 지각되거나 관찰될 때 지금까지의 태도와 행동이 정당한 것으로 깊이 받아들여질 수가 있기 때문이다. 상대방으로 하여금 일하는 재미와 열정을 드높이는 요소로 작용하게 된다. H사 장 씨 아줌마의 한결같은 마음과 모습에 그녀의 진실성을 알아차리고서 신뢰를 갖고 거액의 보험에 가입한 상인 고객들의 경우와 같다. 그래서 폭넓게 내뿜는 좋은 향기다.

마음으로 통하는
인간관계

　　　　　서울 동대문과 남대문 시장의 상인들은 장 씨 아줌마를 보면 늘 반갑고 기쁘다. 그것은 매일 자신들의 상점에 나타나 일상생활 속의 여러 가지 대화를 허심탄회하게 나누는 그녀와 정이 들었기 때문이다. 자신들의 고민거리에 귀 기울여 함께 아파하고 해결방안을 찾는 그녀의 모습에 크게 감동을 받아서 신뢰하고 있다. 보험 상품만을 강요하는 타 보험 설계사보다 인간적으로 정이 드는 아줌마라고 말한다. 장 씨 아줌마 역시 이런 고객을 대할 때마다 매일 일이 더없이 즐겁고, 더 열심히 일하고 싶은 마음이 일어나면서 큰 보람을 느낀다. 이런 현상은 어떤 직업, 조직 내에 어느 직무수행 과정에서도 일어날 수가 있다.

　우리는 "그 사람은 인간적으로 통하는 데가 있다, 먼저 인간이 돼라!"라는 말을 자주 듣기도 하고 사용하기도 한다. 이 말은 직위 중심의 위계적인 인간관계가 아니라 정으로 이어진 신뢰 기반의 인간관계를 뜻한다. 정情의 사전적 의미는 사랑이나 친근감을 느끼는 마음씨다. 구태여 말하지 않아도 서로 느낌으로 알아차리는 관계다. 이는 참된 마음에서 우러나오는 진실성과 맥을 같이하는 것으로 신뢰 관계 형성의 동인이 될 수가 있다. 때문에 정이 가지 않으면 접근하지 않을뿐더러 대화를 해도 자신의 속마음을 털어놓지 않는다. 마음으로부터의 따뜻한 정이 오가는 인간관계가 아니라면 단지 일만 하는 딱딱한 존재로밖에 보지 않을 것이기 때문이다. 모든 상하(지위 중심) 및 갑을(직무 중심)관계에서 일어나는 인간의 공통적인 심리 현상이다.

어떤 문제이든 사무적으로만 해결하려는 딱딱한 조직 분위기에서는 일하는 재미와 열정이 크게 일어나기가 어렵고, 역량이나 생산성을 크게 높이기도 어렵다. 서로 간에 보이지 않는 마음의 벽이 생길 가능성이 높아 조직상 발생하는 많은 문제들을 근본적으로 해결하기가 어렵기 때문이다. 상대방의 마음을 정확히 읽고 서로 공감하는 경영이야말로 어떤 어려움 속에서도 일하는 재미와 열정을 지속시켜 조직 활력을 높이는 관건일 것이다. 이것이 마음으로 통하는 인간관계 유지가 필요한 이유다. 마음으로 통하는 신뢰의 인간관계일 때 일이 더 재미가 있는 법이다.

위선적 행동의
전염성

진실성의 사전적 의미는 마음에 거짓이 없이 순수하고 바른 것, 가식이나 위선偽善이 아닌 것을 말한다. 위선이란 자신에게 없는 것을 위장하는 거짓 행동을 말한다. 즉 일의 목적과 마음을 다른 곳에 두고 있는 피상적인 행동들, 실질보다 형식에 얽매여 단순히 남에게 보여주기 위한 자기 과시적인 거짓 행위들이 그 범주다. 조직에서 흔히 볼 수 있는 구색 갖추기 식의 전시행정들, 사실에 입각하지 않은 형식적인 보고들, 시간 때우기 식의 교육이나 행사 등으로 진짜가 아닌 가짜배기 행위들이다. 몸담고 있는 조직의 경쟁력을 보이지 않게 약화시키는 또 다른 주범들이다.

이는 자신의 과장된 역량과 성과를 홍보하거나 임시방편적인 처방으로 우선 모면하기 위한 것으로서 진실한 행동이라 할 수 없다. 일하는 재미와 열정이 크게 약화되면 나타나는 현상이라고 할 수 있다. 일의 주인인 H사의 장 씨 아줌마가 장기간 일관된 모습으로 고객들에게 다가가서 그들의 고민거리를 듣고 해결해 준 진실한 행동과는 정반대다. 더욱 큰 문제는 이러한 한 개인의 위선적인 행동들의 악취가 모르는 사이에 조직 내외로 폭넓게 전염이 되어 치유가 어려운 사회적 병폐를 초래할 수 있다는 사실이다. 조직 내외 이해관계자들(조직 구성원, 수요가, 공급자, 주주 등)과 불신의 관계를 형성하여 여러 가지 부정적인 영향을 야기하는 근원이 될 수가 있다.

간혹 장관 후보자에 대한 국회 청문회를 볼 때마다 우리 사회의 병든 모습을 새삼 실감하게 된다. 거의 모든 후보자가 학위논문 표절, 위장전입, 부동산 불법 투기 등 위선적 행동의 전적을 가졌기 때문이다. 당사자들은 과거 자신들의 거짓행위에 대해 큰 죄의식이 없이 여러 가지 이유로 해명을 하고 있지만 개운치를 않다. 가짜와 거짓의 범람이 무서운 것은 심각한 불신사회로 몰아넣을 수 있다는 점이다. 특히 사회적으로 덕망이 높은 사람으로 존경받아 오던 장관 후보자들의 거짓과 위선은 많은 사람들로 하여금 일하는 재미와 열정을 크게 저하시키고 불신사회를 더욱 부추기는 작용을 할 가능성이 높다. 그동안 "나만 바보처럼 정직하게 살았나 보다."라는 상대적인 피해의식에다, "어떤 사람도 믿을 수 없다."라는 신뢰붕괴의 사회적 병폐가 생길 수 있기 때문이다. 위선적 행동의 전염성이 무서운 하나의 예다.

일하는 재미와 열정의 고갈증세, 비윤리적 행동

위선적인 행동이 습관화되면 인간으로서 지켜야 할 최소한의 원칙과 상식을 저버리는 심각한 상황으로까지 이어질 가능성이 높다. 어떤 어려움을 스스로 극복하려고 노력하기보다 타협과 편법을 일삼게 되는, 비윤리적인 행동을 하기가 쉽다. 그리고 그런 행동을 스스럼없이 하고서도 전혀 죄의식을 느끼지 못하게 된다. 일하는 재미와 열정의 고갈 증세로 나타나는 부패 불감증이다.

오래전에 국제투명기구(TI)에서 세계 청소년들의 윤리의식을 조사, 발표한 적이 있었다(동아일보, 2008년 10월 23일). 한국 청소년의 윤리의식이 방글라데시, 인도, 몽골보다 못한 수준이라는 내용이었다. 여섯 명 중의 한 명은 감옥에서 10년을 살아도 10억 원의 돈을 벌 수 있다면 부패를 저지를 수 있고, 다섯 명 중의 한 명은 자신의 어려움을 해결할 수 있다면 기꺼이 뇌물을 쓸 것이라고 답했다고 한다. 대부분의 청소년이 '학습(일)하는 재미와 열정'을 잃어버린 부패 불감증에 걸렸다는 충격적인 사실이다.

문제는 이들이 자라서 직장인이 되었을 때다. 작금의 우리 사회 여건을 볼 때 그들의 사고나 태도가 크게 달라지지 않을 것이란 우려가 앞서기 때문이다. 지금도 정부 기관이나 기업체 구성원들의 부패 불감증이 매우 높다는 통계가 많다. 일의 노예가 되어 오로지 자신의 이익을 위해서 상황에 따라 상대방과 약속한 규범과 룰(Rule)을 쉽게 어기거나, 외부여건에 적당히 타협하면서 조직 생활을 영위하는 그저 그런 봉급쟁이 직장인들이 실제로 많지 않은가? 더구나 사회적 규범과 법망을 서슴없이 어기고도 전혀 죄의식을 느끼지 못하는 조직의 리더나 사회의 지도자들도 많이 보지 않는가?

타협과 편법은 바쁘다고 적당히 건너뛰는 자세, 어려운 상황이라고 상대와 약속한 규정과 룰(Rule)을 쉽게 어기는 비윤리적인 행동을 말한다. 일의 노예가 되어 조직의 한 구성원으로서, 그리고 인간으로서 꼭 지켜야 할 최소한의 상식까지 저버리는 행위다. 이것은 진실성에 기초한 신뢰 기반의 인간관계 형성을 어렵게 만드는 가장 결정적인 요소다.

일하는 재미와 열정의 상실자,
몰염치족

　　　　　부패 불감증에 걸렸다는 것은 윤리의식을 상실한 상태로 인간으로서 최소한의 부끄러움이나 수치심도 없다는 뜻이다. 소위 염치를 잃은 사람이 된다는 것이다. 염치廉恥란 부끄러워하는 마음으로 인간으로서 당연히 느껴야 할 도리다. '염치가 없다', '염치도 모른다'라는 말은 부끄러운 줄도 모르며 뻔뻔스럽게 행동한다는 뜻이다. 일의 노예가 되어 비윤리적 행동이 습관화되면 나타나는 증세라고 할 수 있다. 나는 이런 사람을 일하는 재미와 열정을 완전히 상실해 버린 몰염치족이라고 부른다. 평소 조직의 그늘에 숨어서 적당히 일하면서도 남의 성과에 얹혀 똑같은 대우를 받는 얌체족과 같다. 이것 또한 소속된 한 조직 내에만 국한되지 않고 매우 폭넓게 퍼져나가는 전염성의 속성을 가진다. 이른바 염치 잃은 행동의 악취다.

　이런 개념에서 생각해 보면 지금 우리 한국의 조직사회는 염치를 잃은 사람들로 꽉 차 있는 것 같은 느낌이 든다. 먼저 정치 조직사회를 보자. 멀쩡한 사람도 정치권에만 들어가면 철면피가 된다. 앞으로야 어찌 되든지 무조건 오리발을 내밀고 거짓말부터 해 놓고 본다. 잘 아는 사람들끼리 모여서 치열하게 싸우는 안면몰수의 고스톱 노름판과 같다. 얼굴에 철판을 깔지 않으면 선거에서 이길 수가 없고 틈틈이 거짓 행동을 하지 않고는 정치인으로서 출세할 수가 없기 때문이다. 노름판에서 돈을 벌려면 사람의 도리를 잊고 염치없는 행동을 하지 않으면 안 되는 경우와 같다. 그래서 정치판이라 부른다. 일의 노예가 되어 일하는 재미와 열정을 완전히 상실해 버린 몰염치 정치인들이 많다.

어디 정치권에만 그런 것일까? 그 누구보다 맡은 직무의 소중한 의미를 인식하고 맡은 책무를 다해야 할 공직자나 군인들 중에서도 염치와 거리가 먼 사람들이 많다. 그리고 회사에 '보이지 않는' 엄청난 손실들을 발생시켜 놓고도 전혀 죄의식 없이 돌아다니는 염치없는 기업체 사장, 회장들도 있다. 모범을 보여야할 사람들조차 염치를 모르니 사회 전체가 사람 사는 도리가 제대로 설 리가 있겠나 싶다. 신뢰기반의 끈끈한 인간관계 형성이 될 리가 없고 일하는 재미와 열정에 기초한 활력 넘치는 조직사회가 유지될 수가 없는 것이다.

남이야 어떻게 되든지 나만 잘 되면 그만이고, 무슨 짓을 해서라도 나만 잘 살면 그만이란 식이다. 한 번 잡은 권력이나 오른 자리는 최대한 오래 누려야 하고, 힘이 있는 자리에 있을 때 최대한 잇속을 챙겨야 한다는 식이다. 내가 하면 로맨스요 남이 하면 불륜이라는 식(내로남불)으로 곳곳에서 헐뜯고 야단법석이다. 옳고 그름의 판단기준이 흐려져 버린 가치관의 혼동사회다. 그래서 약간 염치없는 행동으로 적당히 사기를 쳐야만 유능한 사람으로 인정받고 살아갈 수 있는 조직사회 풍토가 되어 버렸다. 일의 노예가 되어 일하는 재미와 열정을 잃어버린 직장인들이 곳곳에서 득실거린다.

이렇듯 일하는 재미와 열정을 상실해 버린 한 개인의 염치 잃은 행동의 악취는 그 전염성이 실로 크다. 나름대로 점검해 본 오늘날 우리 조직사회의 현주소다.

불신관계로 이끄는
권위의식의 악취

어떤 직책을 맡은 어느 회사의 담당자가 계열사나 협력사의 임직원들을 얕잡아 보고 무례한 행동을 하는 경우가 있다. 또 평소 같은 조직 속에서 지내던 동료 직원도 좀 높은 직위에 올라가면 태도와 행동이 달라지는 경우도 있다. 작은 권력이라도 잡거나, 조직에서 어떤 직위에 올라가게 되면 그것을 행사해서 큰 잡음을 일으키는 경우를 많이 본다. 소위 '내가 위에 있다' 라는 권위의식 혹은 갑의식이다. 불신의 인간관계에 크게 영향을 주는 행동요소 중의 하나다.

이 권위의식이 없어야 하는 이유는 대내외 이해관계자들의 일하는 재미와 열정을 크게 약화시키고 상호 신뢰와 화를 깨뜨리는 부정적인 영향 때문이다. 상대방의 행동을 극히 형식적이고 소극적으로 만들어 협력의 시너지 효과를 크게 떨어뜨릴 수 있다. 누군가(특히 리더)가 보는 앞에서는 열심히 일하는 것 같아도 실제로는 열정적, 창조적, 헌신적인 직무수행을 하지 못한다. 갈수록 불신의 골이 생기며 모든 일이 실질적으로 이루어지지 못하고 반복되거나 늦어지게 되어 기회손실이 많이 발생하게 된다. 그리고 조직에 어려움이 닥치게 되면 쉽게 조직 응집력을 잃고 노사화합의 걸림돌이 되기도 한다.

문제는 이러한 권위의식이 쉽게 제거되지 않는다는 데 있다. 그것은 오랫동안 몸속에 깊이 배어서 잠복해 있는 상태라 잘 느끼지 못하기 때문이다. 평소에 특별히 노력을 기울이지 않으면 없어지지 않는 정신병, 자각 증세가 전혀 없는 암적인 요소다. 이 고질병을 치유하는 방법은 스스로가 겸손해지기 위해 의도적으로 노력하는 길밖에 없다. 이 권위 의식이 없어지지 않고 오래가면 상대방이 위선(거짓)적인 행동을 하게 할 가능성이 매우 높다. 그래서 이 또한 전염성이 높은 나쁜 악취다.

신뢰관계로 이어지는
겸손의 향기

P사의 '권 명장'은 회사 내 엔지니어들 사이에서 겸손한 사람으로 알려져 있다. 늘 따뜻한 형님 같은 분위기와 상대를 존중하는 그에게서 배울 것이 많기 때문이다. 자신을 낮춘 배움의 지세는 자신과 그의 동료들에게 강력한 협력의 시너지를 일으켰고 그 결과 P사 최고의 기술상인 '제철 기술상'을 두 번이나 공

동수상 했다. 열정을 쏟아 신예화 기술개발을 주도했지만 늘 공적은 다른 동료들에게 돌린다. 자신의 손으로 이뤄 낸 일조차도 선후배들의 많은 도움으로 해내었다고 언제나 겸손하게 말한다. 그래서 그의 말과 행동은 100% 보증수표다.

겸손은 신뢰의 인간관계 형성과 일하는 재미와 열정의 강도에 크게 영향을 주는 긍정적인 행동요소다. 신뢰 관계는 '내가 위에 있다' 라는 권위의식이 아니라 진실성에 기초한 겸손에서 나온다. 이는 자기 자신이 상대방보다 더 특별하다고 생각하지 않으며 각광을 받으려고도 하지 않는 자세다. 항상 관련 이해관계자들(고객, 직원, 주주 등)의 소리에 귀를 기울여 그들의 가치증대를 위해서 노력한다.

"내가 위에 있다, 우리가 갑이다." 가 아니라, "무엇을 할 수 있느냐, 어떤 가치 있는 일을 함께 할 것인가?"에 대한 생각을 갖는다. 오로지 주어진 일을 보다 효율적, 효과적으로 수행하는데 초점을 두고 행동할 뿐이다. 이러한 겸손한 태도는 이해 관계자들과의 신뢰 관계 형성을 촉진시키고 일하는 재미와 열정을 더 높이어 협력의 시너지 효과를 경험케 하는 요소로 작용하게 된다. 그래서 조직 안팎으로 크게 확산되는 좋은 향기다.

조직의 활력 창출자는
무엇이 다른가?

일의 주인인 조직의 활력 창출자는 항상 상대방을 상하, 갑을관계가 아닌 업무 파트너의 관계로 보고 일한다. 그래서 직무수행의 초점을 훌륭한 협력의 인간관계 형성에 둔다. 조직에서 한 개인이 맡은 직무와 역할은 조직 비전과 자신의 꿈에 밀접하게 연계되어 있어 상호 협력해야만 실현될 수 있기 때문이다. 자신의 직무를 관련된 조직 내외의 많은 사람과 함께 이루어 나갈 때 일하는 재미와 열정이 더 높아지고 더 나은 가치창조도 가능하다는 사실을 깊이 인식하고 늘 즐겁게 열정적으로 일한다. 그래서 맡은 직무수행의 범위를 규정에 명시된 업무나 역할에 구속되지 않고 스스로 확대해서 다른 사람에게 도움을 주거나 직접 수행하기도 한다.

예를 들면 S병원의 임 간호사가 환자의 정신 상태까지 체크하는 일, P사의 심 팀장이 공장설계 후의 가동 부문까지 관심을 갖는 일, P사의 사무실 청소원 이 씨 아줌마가 직원들의 근무환경을 높이기 위해 수행하는 바닥 청소 외의 일, H 생명회사 장 씨 아줌마가 고객의 고민거리를 찾아 해결해 주는 일들이라 할 수 있다. 모두가 맡은 본연의 직무 범위를 약간 벗어난 일들이다. 비록 귀찮고 힘든 작은 행동들로 보이지만 새로운 가치를 창조하는 일다운 일로 여긴다. 일의 노예인 활력 고갈자의 일하는 자세 및 행동과 크게 다른 요소다.

그리고 맡은 직무수행에 앞서 신뢰 기반의 끈끈한 인간관계 유지에 집중한다. 불신의 인간관계가 조직사회에 많은 불협화음과 비효율성 문제를 발생시켜 협력의 시너지 효과를 저해하고 일하는 재미와 열정을 약화시키는 요소가 되기 때문이다. 신뢰의 인간관계일 때 일하는 재미와 열정은 더 크게 일어나게 되어 더 나은 가치창조도 가능하다는 사실을 깊이 인식하고 늘 즐겁게 열정적으로 일한다. 그래서 직무수행 중심의 단순한 사무적인 관계에서 벗어나 신뢰 기반의 인간관계를 만드는 일에 심혈을 기울인다. 이른바 관계품질향상 노력이다.

예를 들면 임 간호사가 환자와 인생 자문역의 관계가, 심 팀장이 현장의 조업 직원들과 강사의 관계가, 환경미화원 이 씨 아줌마가 사무실 직원들과 엄마나 누나 같은 관계가, 보험설계사 장 씨 아줌마가 고객과 고충해결사의 관계가 되도록 노력하는 일이라 할 수 있다. 모두가 자신이 맡은 일보다 끈끈한 인간관계 형성에 더 우선순위를 두고서 상대방(고객, 환자, 직원, 조직 등)이 꼭 필요로 하는 존재가 되기 위해 노력한다. 일의 노예인 활력 고갈자의 일하는 자세 및 행동과는 크게 다른 또 하나의 요소다. 일의 주인이 되어 신뢰 기반의 인간관계 유지를 통한 협력의 시너지 효과를 자주 경험하게 될 때 일하는 재미와 열정은 더 크게 높아질 수가 있다.

3 | 가치창조의 희열喜悅을 경험하라
- 새로운 패러다임으로 나아갈 수 있다

과거 답습 방식은 진정한 일의 즐거움과 열정이 일어나지 않을뿐더러 가치창조가 과거에 단 한 번으로 끝난 상태이기 때문에 아무리 열심히 반복해도 큰 의미가 없다. 하지만 무엇이든지 의문을 가지고 지난번보다, 그리고 남들보다 더 나은 방안을 스스로 찾아내어 실행코자 하는 가치창조 방식은 일하는 재미와 열정을 드높이는 요소가 될 수 있다. 일을 통해 매번 가치창조의 희열喜悅을 수시로 경험하게 될 때 일이 재미가 있고 새로운 패러다임으로 계속 나아갈 수 있는 법이다.

P사의 권 명장은 세계 최초의 '열간압연 연연속 조업' 이라는 혁신기술 개발의 공로를 인정받아 2018년에 국내 철강사상 생산직원 최초로 은탑산업 훈장을 받았다. 국내에서는 열간 연연속 압연 및 통판 설비관리 분야에서 최고의 기술을 보유한 기술인으로 인정받고 있다. 이런 경지에 오르는

열간압연熱間壓延 연연속連連續 기술

일관제철소의 열간 압연 공정에서 바(Bar) 상태의 열연 판 소재를 압연할 때 앞뒤 소재의 양끝을 접합해 연속적으로 압연하는 기술이다.

데에는 그의 남다른 직무수행 방식이 있었다. 모든 테스트 과정에서 나타나는 데이터를 다양한 각도에서 분석하고, 보이지 않는 문제들과 보다 더 나은 개선점들을 찾아내기 위해 노력하는 방식이다. 정비담당자와 엔지니어들에게 끊임없이 질문하고 토의하는 일을 일상화하고 다른 사람의 설명을 들으면서 데이터를 꼼꼼히 들여다보고 현장을 다시 살피는 일이 습관화되어 있다.

무엇이든지 의문을 가지고 지난번보다, 그리고 남들보다 더 나은 방법을 찾아내어 실행함으로써 가치창조의 희열을 경험하는 방식이라고 할 수 있다. 직무수행 과정에서 어떤 문제가 생기면 과거의 성공방식이나 현재의 조직방침이 아니라 그것보다 더 나은 새로운 방식을 끊임없이 고안하는 것이다. 일의 주인이 되어 어떤 경우에도 일하는 재미와 열정의 강도는 약해지지 않고 매일 하고 싶어서 열심히 일하는 슈퍼 직장인이다.

하지만 일의 노예가 되어 어쩔 수 없이 열심히 일하는 그저 그런

봉급쟁이 직장인의 일하는 방식은 크게 다르다. 직무수행 과정에서 어떤 문제가 생기면 과거에 해결한 방식이나 현재의 조직 방침대로 해결코자 하는 경우가 많다. 일하는 재미와 열정이 일어나지 않는 과거 답습 방식이다. 그것이 큰 말썽 없이 일하는 가장 편한 방법일뿐더러, 만약 앞으로 자신이 주도해서 수행한 일이 잘못되었을 때 책임회피를 위한 변명의 근거가 될 수도 있기 때문이다. 새로운 것에 흥미도 없고 익숙한 낡은 직무수행 관행의 틀 속에 머물러 있기를 원한다.

이러한 과거 답습 방식은 학습을 통한 더 나은 가치창조가 과거에 단 한 번으로 끝이 난 상태이기 때문에 아무리 열심히 반복해도 큰 의미가 없다. 조직차원에서 직무수행 결과만은 활용될 수 있겠지만 중요한 것은 경쟁사에 비해 상대적으로 경쟁력이 약화되어 보이지 않게 조직 성장을 멈추게 하는 손실이 되고 있다는 사실이다. 일의 노예들은 이를 인지하지 못하고 안주의식에 젖어 변화와 혁신에 극히 소극적이다. 일하는 재미와 열정이 전혀 일어나지를 않는다. 때문에 과거 답습 방식에 익숙한 사람은 그 직무에 숙련된 전문가는 될 수 있을지 몰라도, 매번 새롭고 가치 있는 작품(제품, 서비스 등)들을 만들어 조직가치 증대에 더 크게 기여하는 능통한 직무장인이 되기는 어렵다.

일이 재미없는
본전치기 사고방식

"모난 돌이 정 맞는다"는 속담이 있다. 이 말은 "좋은 게 좋다, 가만히 있으면 반半은 간다, 그런다고 바뀌는 게 없다."라는 본전치기 사고다. 이익도 손해도 보지 않겠다는 안주의식으로 특별하게 아이디어를 내거나 앞에 나서서 설치지 않는 극히 소극적인 자세를 일컫는다. 일하는 재미를 전혀 느끼지 못하고 일에 대한 열정도 없는 상태라고 할 수 있다. 달리 표현하면 현상수긍형 업무 사고다. 현재 작동되고 있는 메커니즘을 부정하지 않고 거기에서 출발하여 생각하는 방식으로 사고의 폭이 매우 좁다. 자기 자신, 자기 부서, 자기 회사의 상황으로부터 벗어나지 못한다. 철저하게 안주의식에 기초한 내부지향적인 사고패턴이다. 장래의 위험부담을 감수코자 하는 도전정신이 전혀 없다.

이러한 본전치기 사고가 무서운 것은 일하는 재미와 열정의 고갈 증세인 도덕적 해이를 일으키는 원인이 될 수가 있다는 점이다. 사고의 도덕적 해이가 자리 잡게 되면 더 나은 가치창조는 불가능하게 되며 생산성이 낮은 인건비만 증대하여 마이너스 자산이 되고, 최후에는 몸담고 있는 조직의 생존기반 자체가 붕괴되어 버릴 수 있다. 변화와 혁신을 통한 더 나은 가치창조의 조직문화를 정착하기 위해 가장 먼저 퇴치해야 할 정신병이다. 본전치기 사고로 일한다면 일이 재미있을 수가 없다. 어떤 일이든지 변화를 통해 조금이라도 더 나아지기 위해 노력하는 데서 재미가 있는 법이다.

벗어나야 할
학습 불안감

　　　　　직장인들이 통상 새로운 영역에의 도전을 싫어하는 이유는 학습 불안감 때문이다. 기존의 익숙한 것들에서 벗어나 새로운 무언가를 배우는 것은 자칫 잘못하면 스스로를 무능하게 만들어 현재 몸담고 있는 직장이나 직위를 잃을 수도 있다는 우려감으로 변화를 꺼린다. 이는 일하는 재미와 열정이 없이 일하는 경우다. 통상 일의 노예가 되어 그저 허둥지둥 열심히 일하는 척하는 그저 그런 봉급쟁이 직장인들이 갖는 사고라고 할 수 있을 것이다.

　하지만 일의 주인인 P사의 권 명장은 학습 불안감이 전혀 없다. '열간압연 연연속 조업'이라는 세계 신기술 개발의 기회가 주어졌을 때 성공 가능성에 대한 두려움보다 새로운 분야에 도전할 수 있다는 기대가 앞섰다고 한다. 과거의 낡은 직무수행의 틀에서 벗어나고자 하는 변화 인식도와 일하는 재미와 열정의 강도가 매우 높은 직무장인이었다.

　일반적으로 변화 필요성에 대한 인식도는 자신이 몸담고 있는 회사가 적자 위기에 놓이게 되면 훨씬 높아질 수 있다. 그것은 왜 지금 시점에서 변화와 혁신이 필요한지를 강하게 알고 싶어 하기 때문이다.

생존 불안감은 변화하지 않으면 몸담고 있는 조직이 어려움에 처할 것이라는 인식을 더욱 크게 한다. 그러나 미국 Edgar Schein 교수는 이 생존 불안감이 변화를 자극하는데 필요한 조건이 될 수는 있지만 충분조건은 아니라고 주장한다. 생존 불안감이 높은 경우에도 변화를 저해하는 학습 불안감이 존재할 수가 있기 때문이다. 따라서 학습 불안감에서 과감히 벗어나지 않고는 변화를 통한 일하는 재미와 열정이 더 크게 일어날 수가 없게 된다.

낡은 관행에서
새로운 패러다임으로

변화란 개인이나 조직의 생존과 번영을 위해 일을 다르게 하는 것, 다시 말해 자신의 맡은 직무에서 매 순간 더 나은 새로운 가치를 만들어 내려는 태도와 행동에 관한 것이다. 즉 창조적인 직무수행 태도와 행동으로 늘 해오던 그저 그런 상태에서 매번 더 나은 수준으로의 진화 노력을 말한다. 그래서 변화는 항상 혁신이나 창조라는 단어와 함께 사용되어야 하며 일상생활 및 일(직무) 자체라고 할 수 있다.

일의 주인인 슈퍼 직장인은 자신의 몸값을 높이고 지속성장이 가능한 조직이 되도록 하기 위해 직무수행 습관을 변화시킨다. 늘 해오던 낡은 관행들이 그대로 지속되는 것이 아니라, 더 나은 가치 창조적인 패러다임으로의 변화다. '조직이 하라는 대로'에서 자기 주도적으로(변화 주체 측면), '지금까지 하던 대로'에서 또 다른 새로운 발상으로(변화 자세 측면), '남들이 하던 대로'에서 자신이 고안한 방식으로(변화 방식 측면)의 변화다. 어떤 외재적인 요소에 이끌려서 어쩔 수 없이 하는 직무수행 자세가 아니라, 진정으로 하고 싶어서 하는 직무수행 자세요, 마음에서 우러나오는 즐거운 변화와 혁신 활동이다.

바로 P사의 슈퍼 직장인, 권 명장이 도전한 '열간압연 연연속 조업' 기술개발이 그렇다. 기존의 단속적斷續的인 열간 압연방식에서 벗어나 연연속이라는 새로운 패러다임으로의 변화다. 작업 시간을 획기적으로 줄이고 품질이 개선되는 세계 최초의 기술개발에 도전한 것이다. 비록 회사의 경영위기가 오지는 않았지만 향후 있을 가능성에 대비하는 위기의식으로 새로운 패러다임으로의 변화 필요성을 깊이 인식하고 있었다. 지난번보다 조금이라도 더 나아지게 하려면 변화와 도전을 해 봐야 가능하며, 여기에서 일하는 재미와 열정이 더 크게 일어나게 되는 법이다.

일하는 재미와 열정을 높이는
직무 자율성

더 나은 가치창조는 조직 구성원 개인에게 직무 수행의 자율성이 많이 주어질 때 가능하다. 하지만 자율성을 확대해서 더 나은 가치창조의 기회를 높이는 문제는 쉽지 않다. 왜냐하면 조직 속에서 한 개인이 맡은 직무란 많은 다른 부서나 구성원들 간의 직무와 연계되어 이루어지기 때문이다. 일반적으로 직무의 상호의존성과 자율성의 관계는 반비례적인 성향을 가진다. 한 조직 내에서 타인들과의 직무 의존성이 많게 되면 그에 상응하는 많은 제약 하에서 일을 하게 되므로 직무수행 자율성과 가치창조의 기회가 적을 것이고, 반대로 직무의 상호의존성이 적게 되면 직무수행 자율성과 가치창조의 기회를 더 많이 가질 수 있게 될 것이다.

그런데 이 직무수행 자율성의 폭과 일하는 재미와 열정의 강도는 비례한다. 즉 자율성의 폭이 적을수록 일은 더 재미가 없고, 클수록 일은 더 재미있다. 무엇이든지 스스로 해야 재미가 있는 법이다. 하지만 후자의, 개인 자율성의 폭을 크게 하는 문제는 스스로 맡은 직무의 소중한 의미 인식을 통해 일의 주인이 되지 않으면 근본적으로 이루어지기가 어렵다. 어쩔 수 없이 열심히 일하는 일의 노예에서, 하고 싶어서 열심히 일하는 일의 주인으로 진화해야 할 필요성이 여기에 있다.

일이 재미있는
직무 장인정신

　　P사의 권 명장은 2015년에 현장 기술인의 최고봉인 명장이 된 입지전적인 인물이다. 혁신기술 개발로 회사 수익성 제고에 기여한 공로를 인정받은 것이다. 그의 성공요소는 끊임없는 도전이었다. 지금까지 조업해 오던 관행에서 벗어나 더 나은 가치창조를 위해 새로운 부문의 도전을 시도한 것이다. 2013년 2월 '열간압연 연연속 80매 조업' 이라는 세계 신기록에의 도전이었다. 실행 과정에 수많은 어려움이 있었지만 그 성공을 위해 결코 좌절하지 않고 재도전을 끊임없이 시도했다. 그에게는 더 나은 가치를 만들어 내고자 하는 직무 장인정신이 있었다.

　주변에서 많은 사람들로부터 "더 이상의 도전은 무의미하다, 성공확률이 없다."는 부정적인 말들을 무수히 들었지만 아랑곳하지 않았다. 새로운 분야에 대한 학습 불안감으로 본전치기 사고에 젖어 있는 그저 그런 봉급쟁이 직장인과는 달랐다. 과거에 했던 대로만 반복하는 쳇바퀴 속의 다람쥐 방식이 아니었다. 수십 ㎞를 날아다니면서 다양한 꽃에서 채취한 꽃가루로 보다 가치 있는 꿀과

직무 장인정신(Job craftership)

과도한 이기심에 기초한 물성중심의 삶보다 일 자체의 가치실현에 초점을 두고 하고 싶어서 열심히 일하는 정신이다. 쉽게 말해 언제, 어떤 상황에서나 더 나은 가치창조를 위해서 지속적으로 일에 열정을 쏟는 정신이라고 할 수 있다.

로열젤리를 만들어 내는 꿀벌 방식이었다. 그의 일하는 재미와 열정은 결코 약해지지 않았다. 수시로 더 나은 가치창조의 희열을 경험했기 때문이다.

직무장인은 과도한 이기심에 기초한 물성 중심의 삶보다 일의 주인이 되어 일 자체의 가치실현을 위해서 열심히 일하는 슈퍼 직장인이라고 할 수 있다. 플라톤은 직무장인을 어떤 일이든 대충 일하기를 거부하고 최고의 경지를 향해 달려가는 사람이라고 했다. P사의 권 명장과 같이 오로지 맡은 일을 훌륭하게 완수하려는 자아실현의 욕구가 강한 직장인이다. 일의 노예가 되어 본전치기 사고로 일하는 재미와 열정없이 그저 허둥지둥 열심히 일하는 척하는 직장인과는 크게 다르다. 어제의 일보다 오늘의 일이, 금년의 과제보다 내년의 과제가 더욱 의미 있는 가치창조가 되도록 늘 열정을 쏟는 직무 장인정신을 갖는다. 새로운 패러다임으로의 더 나은 가치 창조정신으로 본전치기 사고방식의 정반대 개념이다.

일본의 '모노즈쿠리', 독일의 '마이스터' 정신과 같다. 우리는 이러한 정신이 한 국가의 성장 동력이 된다는 사실에 크게 주목한다. 요즘 많이 생겨나고 있는 다양한 크라프트Craft 제품들(커피, 빵, 맥주 등의 수제품)에서 국가 미래창조의 희망을 찾을 수가 있을 것이다. 직무 장인정신(Job craftership)을 바탕으로 창출한 나름의 가치창조품들이기 때문이다. P사의 권 명장이 도전해서 성공시킨 열간압연 연연속 80매 조업이라는 세계 신기록도, 세계 최초로 금속활자를 만들고, 5,200만 자의 팔만대장경을 한 치의 오차도 없이 완성해 낸 것도 직무 장인정신으로 일구어 낸 글로벌 명품들이다. 직무 장인정신으로 더 나은 가치창조의 희열을 경험할 때, 분명 일하는 재미와 열정은 약해지지 않고 더 높아질 수 있다. 그러나 본전치기 사고로 매일 재미없이 일하는 봉급쟁이 직장인들이 많다

일하는 방식과
열정의 세 가지 스타일

우리는 똑같은 장소에서 똑같은 일을 하면서도 일을 하는 방식과 열정에 크게 차이가 있음을 많이 본다. 어떤 직장인은 자신이 맡은 직무를 완수하기 위해서 조직 안팎으로 열심히 쫓아다닌다. 일에 열정을 보이지만 그 결과는 신통치 않다. 일에 대한 문제의식과 경중완급의 조절 능력이 부족하고 문제에 체계적으로 접근해서 해결하는 지혜도 부족하기 때문이다. 어떤 식으로든 정해진 일정 내에 이루어 내고자 하는 실행 중심의 일하는 방식이라고 할 수 있다.

또 어떤 직장인은 자신이 맡은 직무에 대한 전문지식과 경험은 풍부하지만 타 관련 부서와의 교류 학습이 적어 가치 있는 성과를 창출하지 못한다. 한 부문에서 오래 근무하다 보니 독단적으로 직무를 수행하는 데 익숙해 있고, 남의 의견을 무시하고 선입견과 고정관념이 강하다. 철저하게 남의 일에는 무관심하며 오로지 자신

이 맡은 부문에 대한 전문지식과 습득 경험 중심의 일하는 방식이다.

이러한 두 직장인의 일하는 방식과 열정은 본전치기 사고에 기초한 과거 답습 방식이다. 변화와 도전을 통한 더 나은 가치창조로 일하는 재미와 열정이 일어나지 않기 때문이다. 일의 노예가 되어 그저 허둥지둥 열심히 일하는 '그저 그런' 봉급쟁이 직장인들의 일하는 방식이라고 할 수 있다.

반면에 자신이 맡은 직무의 전문능력은 물론이고 관련 인접 분야의 지식과 경험도 쌓기 위해 열심히 노력하는 직장인도 있다. 바로 P사의 권 명장과 김 명장의 경우다. 그들은 수많은 설비장애 처리를 통한 풍부한 현장경험과 맡은 직무수행에 관련한 다양한 국가 기술자격증을 가진 슈퍼 직장인이다. 조직 내에 일어나는 모든 문제를 경험하고 익혀야 할 학습의 대상으로 여겨 스스로 적극적으로 참여해서 자신의 역량을 키워 나간다. 문제 해결력이 뛰어나고 앞을 내다보는 통찰력으로 항상 더 나은 가치를 창출해서 조직에 기여코자 노력하는 학습인의 자세를 갖는다. 이론과 실천을 통합한 지식 습득 및 가치창조 방식이라고 할 수 있다. 변화와 도전을 통해 더 나은 가치창조의 희열을 경험함으로써 일하는 재미와 열정이 계속 일어나고 있기 때문이다. 일의 주인이 되어 하고 싶어서 열심히 일하는 직무장인의 일하는 방식과 열정이라고 할 수 있다.

버려진 것들에서 찾는
일하는 재미와 열정

　　　　　가치창조의 희열을 통한 일하는 재미와 열정은
새로운 도전 영역에서만 존재하는 것이 아니다. 관행적으로 해 오
고 있는 일상적인 것들, 버려지고 팽개친 하찮은 것들에서도 존재
한다. 무엇이든지 의문을 가지고 잠깐 멈춰서 역발상적인 사고를
하게 된다면 수없이 일어날 수가 있다. 오래전에 남이섬 강우현 사
장의 강의를 들은 바가 있다. 그는 1990년대 말 도산 위기에 처해
있는 유원지 남이섬을 아시아의 대표적인 관광지로 변모시킨 경영
인이다. 쓰레기더미로 덮여 있는 망가진 섬을 단숨에 수많은 사람
이 자주 찾아드는 명승지로 바꾸어 놓은 장본인이다. 그 비결은 호
기심과 역발상적인 사고로 버려진 것들에서 찾은 일하는 재미와
열정이었다.
　지금 내가 사는 우포늪 집 안팎에는 돌이 많다. 그냥 내버려 두
면 보기 싫지만 크고 작은 돌들을 모아서 작은 돌탑을 만들고 화단
의 울타리로 활용하였더니 보기 좋은 모양이 되었다. 아무 쓸모없
이 널려 있던 돌들을 가치 있는 물건으로 변모시키는 노력을 시도
해 본 것이다. 남이섬 강우현 사장과 같이! 그리고 집 앞의 뜰에 잔
디를 가꾸면서 주변에 몇 가지 꽃나무와 과실수를 심었더니 지나
가는 사람들이 간혹 구경하러 들르는 곳이 되었다. 우리나라 자연
생태계의 보고, 우포늪의 볼거리로 만들어 볼 계획이다. 갈수록 일

하는 재미와 열정이 저절로 일어남을 느낄 수 있었다. 더 나은 가치창조의 희열을 통한 일하는 재미와 열정은 개인 자신의 내적인 호기심과 역발상에서도 일어날 수 있다. 그러나 일의 노예인 그저 그런 봉급쟁이 직장인의 '어쩔 수 없이' 일하는 척하는 자세로는 어렵다. 단지 사고만 전환하면 되는 간단한 문제이다.

한 측면에서
다양한 각도로

　　　　어떤 사안에 대해서 강한 문제의식을 가지고 어떤 각도로 깊이 들여다 보는가에 따라서 더 나은 가치가 창조될 수 있다. 일의 주인인 P사의 권 명장은 매시간 발생하는 현장 조업 데이터를 정리, 분석하는 일에 많은 시간과 정성을 쏟는다. 무엇이든지 의문을 가지고 많은 데이터 속에 숨어있는 보이지 않는 문제들을 찾아내어 그 해결 방안들을 고안해 내는 방식이다. 그것은 어떤 나름의 문제의식과 논리를 갖고 관련 데이터(정보, 자료 등)를 수집해서 다양한 측면에서 분석한다는 뜻이다. 문제의식 없이 그저 열심히 수집한 데이터는 아무런 가치가 없는 쓰레기더미에 불과하며 오히려 혼란스럽다.

　우리는 어떤 사물이나 사건을 볼 때 시야가 좁아 보통 한쪽 면에서만 생각하는 경우가 많다. 하지만 호기심을 가지고 다양한 각도에서 보면 좋은 아이디어와 해결책이 나올 수가 있다. 나는 사진을 찍을 때 증명사진같이 꼭 앞에서만 찍는다. 전문 사진작가는 아니라고 하더라도 여러 각도에서 찍을 줄을 모른다. 그러니 다양한 포즈의 괜찮은 사진이 나오지를 못한다. 늘 하던 고정된 패턴대로만을 철저하게 따르는 일의 노예적인 태도와 같다고나 할까? 사물을 다양한 측면에서 바라보는 노력이 부족하다.

하지만 학생들의 시험 리포트를 평가할 경우에는 좀 다르다. 주어진 과제에 대해서 얼마나 다양한 각도에서 생각했는지, 자기 나름의 의견들이 많이 포함되어 있는지를 기준으로 점수를 매긴다. 나름의 의견이나 주장이 없이 이미 밝혀진 이론들로 채워진 리포트는 아무리 잘 정리되어 있다고 하더라도 낮은 평점을 준다. 자유롭고 다양한 측면에서 생각해 보는 상상력이야말로 일하는 재미와 열정을 높여 가치창조로 이어지는 중요한 요소로 졸업 후에 자신과 조직 발전의 근간이 될 수 있다는 생각에서다. 어떤 사안에 대해 다양한 각도로 바라볼 때 일이 재미있다. 이것 또한 사고만 바꾸면 되는 간단한 문제이다.

만족도 경영에서
기대치 경영으로

조직에서의 더 나은 가치창조는 고객의 기대치

실수(Error: E), 실패(Failure: F)의 3가지 유형

> ① 좋은 E, F : 도전적인 목표와 과제를 설정하여
>   힘껏 노력했지만 다소 미달한 경우로서 가치
>   있는 E, F로 권장되어야 한다.
> ② 나쁜 E, F : 낮은 목표와 쉬운 과제를 설정해서
>   달성했거나, 소극적인 자세로 목표 미달한 경
>   우로서 가치 있는 좋은 E, F로의 전환을 빨리
>   유도할 필요가 있다.
> ③ 최악의 E, F : 나쁜 E, F를 반복하는 경우로서
>   조직차원에서 빠른 시간 내에 즉각 중지시키
>   는 강력한 조치가 필요하다.

경영 방식에서도 크게 일어나게 된다. 기대치 경영은 회사가 상품 및 서비스에 바라는 고객의 기대치를 생산과 판매 전에 포착하여 그것에 맞추고자 노력하는 보다 적극적인 경영 활동이다. 고객의 기대치가 큼에도 불구하고 만족도가 그 수준에 미치지 않으면 고객의 이탈을 초래하게 되어 지속성장이 어렵게 된다는 이치에 근거한다. 통상 판매 후의 고객 만족도에 초점을 둔 경영 방식과는 정반대다.

이 고객의 기대치는 구성원들로 하여금 변화와 도전 의욕을 고취시켜 기술개발 등의 부문에서 더 나은 가치를 창조하는 원천이 될 수가 있다. 조직 구성원들의 목표 기대치도 동시에 높아지게 된다는 의미다. 하지만 일의 노예가 되어 어쩔 수 없이 일하는 그저 그런 봉급쟁이 직장인은 조직 주도의 목표관리 시스템에 습관화되어 있어 안주의식이 높다. 가능한 한 쉽게 달성될 수 있는 목표를 설정해서 그 달성률을 높여 자기 과시를 하려는 생각이 강하다. 그리고 실수나 실패에 대한 체벌이 두려워 도전적인 목표설정을 꺼리게 된다. 자연히 일하는 재미와 열정의 강도가 매우 낮다.

반면에 일의 주인이 되어 하고 싶어서 열심히 일하는 슈퍼 직장인은 자기 주도적인 목표관리 패턴을 선호한다. 지난번보다 좀 더 높은 목표, 즉 다소 과분한 목표를 스스로 설정하여 도전한다. 그리고 일단 목표가 설정되면 그 달성을 위해 자신의 강점과 잠재력을 힘껏 발휘한다. 자신의 업적을 남에게 보여주기 위한 정량적인 달성률보다 자신의 몸값을 높이고 조직 가치증대에 실질적으로 기여하는 목표 기대치 달성에 초점을 맞춘다. 자연히 일하는 재미와 열정의 강도가 더 크게 높아지게 된다.

그런데 이런 기대치 경영과정에서 리더가 반드시 가져야할 자세가 하나 있다. 다소 과분한 목표를 향한 도전과정에서 발생한 실수나 실패는 새로운 것을 학습한 기회라는 측면에서 당연시 하는 사고다. 바로 좋은 실수나 실패를 찾아서 권장하는 일이다. 이것이 없으면 일하는 재미와 열정이 중도에서 곧바로 꺾여 버림으로써 스스로의 역량향상을 통한 더 나은 가치창출이 어려울 수가 있기 때문이다.

실수와 실패로부터
배우는 재미

P사의 권 명장이 많은 기록과 기술을 보유할 수 있었던 것도 수없이 많은 실수와 골든타임의 현장 경험에 기인한

것이었다. 현장에 사고가 발생하면 가장 먼저 달려가 해결하는 사람으로 알려져 있다. 사고가 터지면 먼저 안전을 확보하고 뜨거운 소재가 냉각되기 전과 현 상태를 체크, 판단한 후에 사고 처리 방안을 선택해서 신속하게 처리해 내는, 소위 3분 내 골든타임 처리에 익숙해 있다.

더 나은 가치창조적인 학습조직문화가 정착되면 그렇지 않은 그저 그런 통상적인 조직과는 완전히 다른 모습을 갖는다. 모두가 일의 주인이 되어 조직에서 일어나는 모든 일을 배워야 하는 대상으로 여기게 된다. 더 나은 가치창조를 위해서다. 과거의 크고 작은 실수나 실패들에 대해서도 그 의미를 찾아서 이를 잊지 않고 교훈으로 삼아 다시 반복되지 않게 하거나 더 나은 가치창조의 소중한 학습 자료로 활용한다.

과거에 경험했던 중대한 투자사업의 실패, 대형 설비사고, 화재사고 등은 조직 차원에서 모든 구성원이 수시로 참고할 수 있도록 정리하고 자료화하는 체계가 잘 정립되어 있다. 교육 전담부서의 각종 교육과정도 이러한 사례 중심의 커리큘럼으로 개선되어 효과 높은 교육이 되고 있다. 각종 회의나 보고에서도 실수나 실패에 대한 체벌보다 의미를 찾아내는 것 중심으로 논의되고 있다. 기회가 있을 때마다 그 속에 숨겨져 있는 근원적인 문제들을 적나라하게 드러내어 모두가 알게 하고 추후 반복되지 않게 만드는 조치가 빠르고 체계적이다.

실수와 실패를 서로 인정하고 해당 사례를 통해 배우는 학습풍

토다. 부끄러워하거나 감추지 않고 당당하게 터놓고 이야기할 수 있는 긍정적인 조직 분위기다. 실수와 실패도 더 나은 가치창조와 공유를 통한 정보 지식의 승수효과를 일으키는 한 요소가 될 수 있기 때문이다. 하지만 일의 노예가 되어 어쩔 수 없이 열심히 일하는 척하는 그저 그런 직장인은 실수와 실패에 대한 의미를 찾고 학습 자원화하는 노력이 미흡하다. 과거의 실수와 실패로부터 배우는 재미가 있는데도…….

단순 모방에서
고유의 창조물로

일의 주인이 되어 하고 싶어서 열심히 일하는 슈퍼 직장인은 타 조직이나 구성원들의 성공사례를 도입해서 이를 더욱 크게 활용하는 능력, 즉 자신이 소속된 조직과 직무 특성에 맞는 고유의 상품을 만들어 내고자 하는 노력도가 높다. 이미 검증된 성공사례로 시행에 따른 부작용을 최소화할 수 있다는 점, 그래서 시행하면서 자신의 조직에 맞는 모델로 빨리 만들어서 고유의 창조물이 될 가능성을 높일 수 있다는 이점 때문이다. 이는 일하는 재미와 열정을 드높이는 요소로 작용하게 된다.

남의 것을 단순히 모방하는 데만 그치려고 하지 않는다. 그렇게 해서는 자신과 몸담고 있는 조직이 결코 앞설 수 없고 퇴보한다는 사실 때문이다. 남이 어떻게 변하고 있는지를 제때 파악하는 것, 그리고 그들의 성공사례들을 빠른 시간 내에 적용하여 독특한 고유의 창조물로 만들어 내는 것이 실질적인 가치창조 학습조직 문화다. 일본 설비공급사에서 도입한 연연속 접합설비의 운전 방안을 완전히 소화해서 P사 고유의 기술로 정착시키기 위해 노력한 직무장인, 권 명장의 가치창조 방식과 같다.

동시에 조직 내의 집단이나 개인의 강점과 잠재력들을 상호존중하며 이를 공유하고 확산시키는 속도를 높여 조직의 강점들로 뿌리내리게 만든다. 정보 지식의 승수효과는 성공사례들을 발굴하여 공유코자 하는 활동이 확산될 때 나타날 수 있기 때문이다. P사의 슈퍼 직장인 권 명장이나 김 명장이 자신의 현장 경험과 터득한 지식을 동료 및 후배 직장인들에게 전파하는 데 심혈을 기울이는 것도 가진 지식과 경험을 공유함으로써 더 나은 가치창조의 승수효과를 내기 위해서다.

아이디어나 지식 및 경험은 한 개인에 머무는 것보다 폭넓게 공유가 이루어지고 이를 실제로 시도하게 될 때 더 나은 가치창조의 승수작용을 하면서 개인과 조직에 최대 효과를 가져오게 된다. 타인과의 지식나누기 및 지식증대 노력은 일하는 재미와 열정을 더 높여 자신의 몸값과 조직의 경쟁력을 동시에 높일 수 있는 또 하나의 방법이다.

벌거숭이 임금님
이야기의 교훈

조직의 최고 책임자가 바뀔 때마다 나름의 혁신 슬로건을 내걸고 새로운 선진 혁신기법을 도입, 운영하는 경우가 많다. 사실 정확히 들여다보면 본질은 같은데 뭔가 다른 말이다. 특히 역사가 깊고 매너리즘에 빠져 있는 대기업일수록 타 경쟁조직의 변화와 혁신 기법들을 복사만 하는 경우를 많이 본다. 자신이 소속된 조직을 우리가 잘 아는 '벌거숭이 임금님'으로 만드는 것과 같은 격이다. 벌거숭이 임금님처럼 첨단을 걷는 온갖 유행의 옷을 다 입어보지만 만족하지 못하고 결국은 벌거벗은 모습으로 거리를 활보하다가 천진하고 순수한 아이들에게 놀림감이 되는 이야기가 결코 남의 이야기가 아닐 수 없다.

성과가 낮은 조직의 리더나 구성원들은 재임기간 동안 자신의 업적 쌓기에 혈안이 되어 소위 단기적인 인기 영합 차원에서 경영 의사결정을 하는 경우가 많다. 또 어떤 조직은 '경쟁사들이 하고 있기 때문에 하지 않을 경우 불안해서'라는 식의 이유로도 의사결정을 한다. 그래서 한 차례 시도해 보는 일회성 운동 행태로 끝나는 경우가 많다. 하지만 지속성장하는 조직의 리더나 구성원들은 다르다. 선진 혁신기법이나 제도를 도입하는 궁극적인 이유를 소속된 조직의 추구 가치와 비전에 얼마나 부합하는지에서 찾는다. 조직 백년대계의 장기 발전지향적인 관점에서 의사결정을 한다.

이럴 경우 자연히 일하는 재미와 열정을 높이는 요소가 될 수 있다.

자신의 미래 방향인 비전이나 목적이 분명하지 않을 경우, 그리고 자신만의 정신적인 모형이 없는 경우 어떤 종류의 변화와 혁신이든 유행을 따라 하는 벌거숭이 임금님의 행위에 불과할 수 있다. 마음의 뿌리(가치관과 신념, 정신과 의식)인 본질이 바뀌지 않고 시늉만 하는 혁신활동이라면 모든 옷은 한때의 유행에 불과한 것이다. 진정한 일의 즐거움과 열정이 일어날 수가 없게 된다. 그러나 마음의 뿌리가 움직여서 진정으로 하고 싶어서 하는 혁신이나 창조경영 활동이 되는 일이란 매우 어렵다. 왜냐하면 오래도록 지나치게 이기심과 물성중심의 욕망에 치우쳐 있는 가치관을 일 자체의 가치 실현과 성취감에 두는 상위욕구의 가치관으로 전환하거나 균형을 유지하는 일이란 결코 쉽지 않을 것이기 때문이다. 결국 일의 주인이 되기 위해 다양한 노력들을 기울일 때 마음의 뿌리인 본질이 바뀔 수가 있는 법이다.

일의 주인인 슈퍼 직장인은
무엇이 다른가?

P사의 권 명장은 일을 통한 자율학습으로 새로운 기술을 알아갈 때가 가장 행복감을 느낀다고 말한다. 일의 주인이

되어 항상 더 나은 가치창조를 위한 진정한 학습인의 자세가 습관화되어 있다는 이야기다. 현장에서 일어나는 어떤 문제이든지 항상 의문을 갖고 새로운 시도를 하여 의미 있는 가치를 창출해 내기 위해 노력하는 슈퍼 직장인이다. 일의 노예가 되어 새로운 것에 흥미도 없고 그저 지금까지 했던 대로만 허둥지둥 열심히 반복하는 그저 그런 봉급쟁이 직장인과는 크게 다르다. 어떤 외부적인 요소에도 구애받지 않고 늘 일정하게 일에 대한 도전 의욕과 학습의 열정을 갖는다. 그래서 일을 통한 학습의 재미와 가치창조의 보람이 계속 이어지는 자기 주도적인 선순환 3단계 학습프로세스에 항상 머문다.

1단계, 의미 있는 조직 비전과 자신의 꿈이 한 방향이 되게 하고 이에 정확히 연계된 일다운 일에 학습의 열정을 쏟는다. 권 명장은 입사 당시 거대한 용광로를 보면서 국가 경제 발전에 기여하는 현장 기술명장이 되겠다는 나름의 꿈을 가지고 스스로 P사를 선택했다. 이후 그 꿈을 한시도 잃지 않고 간직하면서 일을 통한 자기 주도적인 학습인(self-directed learner)의 자세를 잃지 않았다. '연연속 압연'과 통판성 설비에 대한 새로운 이론들을 늘 학습하면서 무엇이든지 의문을 가지고 정비담당자와 엔지니어들에게 끊임없이 질문하고 토의하는 일을 일상화했다. 그리고 P사를 선택한 자신의 삶을 한 번도 후회한 적이 없고 어떤 상황에서도 일하는 재미와 열정의 강도는 약해지지 않았다. 맡은 직무의 소중한 의미(중요성)와 몸담고 있는 직장에 대한 고마움을 깊이 인식하고 있었다. 직장인의 삶은 '일과 더불어, 타인들과 더불어, 조직과 더불어'의 삶이다. 조직 속에서 일을 통한 학습 열정이 개인 자신의 의미 있는 꿈과 조직의 추구가치, 그리고 관련 타인들의 일과 밀접하게 연계되어 일어나지 않으면 더 나은 가치창조가 어렵기 때문이다.

2단계, 의미 탐구적인 학습의 열정이 역량 향상으로 정확히 이어진다. 자신이 맡은 직무수행 인식의 범위를 넓혀서 다양한 분야의 관련 지식과 경험을 끊임없이 쌓아 자신의 몸값을 높인다. 매일의 일 자체를 학습으로 여기며 조직에서 일어나는 모든 일들을 배워야 할 대상으로 생각한다. 통찰력을 가진 조직의 문제 해결사, 명성이 높은 직무장인(job crafter)이 되기 위해서다. 권 명장은 현장의 사고처리 과정에서 남들이 보지 못하는 문제까지 찾아내는 역량을 키워나갔으며, P사 명장에 그치지 않고 대한민국 명장을 향한 역량향상 노력을 계속하고 있다. 전공 분야의 압연 기능장 자격증을 취득했고 금속재료 기능장을 준비하고 있다. 의미 탐구적인 학습의 열정이 한 분야의 능력 차원을 넘어 통찰력 있는 역량향상으로 이어지지 않으면 의미 있는 더 나은 가치창조가 어렵기 때문이다.

3단계, 신장된 역량을 마음껏 발휘하여 더 나은 가치를 계속 창출한다. 조직 내외 많은 타인과 창조적인 협력의 인간관계를 기반으로 자신의 강점과 잠재력을 마음껏 발휘하여 조직 가치 증대에 기여한다. 권 명장은 먼저 관련 동료 직원들에게 좋은 감정과 열정을 불러일으키는 조직 활력창출자(energizer)가 되어 신뢰 기반의 팀워크와 네트워크를 형성했다. 항상 자신을 낮춘 배움의 자세로 동료들에게 일에 대한 즐거움과 열정을 불러일으켜 제철기술상을 2회나 공동 수상했다. 자신의 노력으로 이뤄낸 일조차도 선후배들의 도움으로 해냈다고 늘 겸손하게 말한다. 그리고 일 자체의 가치 실현에 더 큰 보람을 갖고 항상 자기 주도적인 학습인의 자세로 남다른 성과물(명품)을 창출하는 가치창조자(Value Creator)다. '열간압연 연연속 조업'이라는 세계 신기록에 도전하여 일을 통한 학습의 열정으로 이루어 내었다. 결국 신장된 역량이 관련 타인들과 함께 조직의 가치증대로 이어지지 않는다면 의미 있는 더 나은 가치창조라고 할 수가 없기 때문이다.

그런데 이러한 슈퍼 직장인의 가치창조적인 선순환 학습프로세스에는 중요한 하나의 원칙이 존재한다. 모든 단계가 정확히 이어지게 되면 학습 열정이 크게 일어나 계속 가치창조적인 선순환 학습프로세스에 머물면서 그 속력이 결코 약해지지 않는다. 그것은 일의 주인이 되어 갈수록 일하는 재미와 열정이 더욱 크게 일어나고 관련된 많은 타인과 신뢰 기반의 협력관계가 유지되어 개인 자신의 몸값과 조직 가치 증대가 계속 일어나기 때문이다. 이것이 P사의 권 명장을 비롯한 일의 주인인 슈퍼 직무장인들이 갖고 있는 공통된 학습패턴이자 원칙이다.

지금도 권 명장의 가치창조 선순환 학습 프로세스의 속력은 약해지지 않고 지속되고 있을 것이다.

일하는 재미가 명품을 만든다

나는 프로 축구경기를 좋아한다. 경기를 볼 때마다 요즘 대부분 직장인들의 조직생활과 흡사하다는 생각이 들기 때문이다. 전후반 90분을 열심히 뛰는 모습과 경기 도중 감독의 선수 교체패턴이 거의 같아 보인다. 훌륭한 감독은 선수들의 매순간 정신자세와 행동들을 주의 깊게 살피고 분석해서 그 내용을 기초로 교체 여부와 교체 시간을 전략적으로 판단한다. 실수가 잦아 타 동료 선수에 비해 뒤처지거나 팀의 승리에 기여치 못하게 되면 무능한 플레이어가 되어 언제 교체멤버의 대상이 될지 모른다. 특히 상대 팀과의 전적 前績과 실력이 비슷한 빅 게임의 경우는 선수 교체에 더욱 신경을 쓴다. 선수들은 90분동안 단 한순간이라도 방심할 수가 없다.

결국 축구경기에서 팀의 승패는 넣은 골의 숫자다. 아무리 열심히 뛰어도 골을 상대 팀보다 더 많이 넣어 팀의 승리에 기여치 못하면 큰 의미가 없게 된다. 나는 그 중에서 개인이 창출한 멋진 명품 골에 주어지는 상에 크게 주목한다. '이달 및 올해의 골든 볼'이라는 상이다. 알아주는 슈퍼스타 프로 축구선수는 이런 가치 있는 명품 골을 만들어 내는 횟수가 잦다. 사실 대부분의 축구팬들은 이런 스타 선수의 기량과 멋진 명품 골을 보기 위해서 경기장을 찾거나 TV 시청을 즐긴다. 그의 움직임을 보고 열광한다. 결코 교체 멤버가 되지 않으며 다른 구단에서도 찾는 유명 선수가 되고 갈수록 몸값은 천정부지로 치솟게 된다.

하지만 그러한 슈퍼스타는 하루아침에 되지 않는다. 슈퍼스타는 관객들에게 즐거움과 생활의 활력을 불어넣어 주는 행복 창조자라는 사고로 매 경기 즐거운 마음으로 임한다. 그래야만 관객이 환호하는 명품 골을 만들어낼 수가 있기 때문이다. 하고 싶어서 열심히 축구를 하는 진정한 스타 프로선수다. 축구를 반복해서 하지만 결코 '축구(일)하는 재미와 열정' 은 약해지지 않는다. 명품 골을 만들어 내려면 축구를 어떤 강박관념에서보다 스스로 재미가 있어 즐길 때 가능하다. 어떤 경기에서든 신기록은 게임을 부담 없이 즐길 때 나온다고 말하지 않던가? 축구 인생이 보람 있고 행복하다는 편안한 생각이 명품 골을 만들어 내는 중요한 요소가 될 수 있다. 일의 주인인 슈퍼 직장인의 몸값 향상을 통한 남다른 성과 창출도 맡은 직무의 소중한 의미 인식을 통해 큰 보람을 갖고 매일 즐겁게 열정적으로 일할 때 가능한 법이다.

그리고 어떻게 하면 다음 경기에는 새로운 명품 골을 만들어 낼 수 있을까를 골몰하면서 매일 실전과 같이 연습한다. 경기 때마다 더 나은 명품 골을 만들어 내겠다는 각오와 자세로 임한다. 감독과의 큰 전략은 공유하지만 변화무쌍한 축구 경기에서 재량권을 갖고 자신의 역량을 마음껏 발휘한다. 그리고 경기 후에는 철저하게 실패 원인을 분석하고, 타 선수들의 명품 골이나 타 팀의 승리요인들에 대해서도 학습하는 버릇이 습관화되어 있다. 지난 경기에 대한 성찰을 통해 앞으로 더 나은 명품 골을 만들어 내어 팀을 승리로 이끌어 내기 위해서다. 축구가 결코 싫지 않고 마냥 즐겁다. 축구가 일이요 취미다. 슈퍼 직장인의 몸값 향상을 통한 더 나은 가치창조도 무엇이든지 의문을 갖고 새로운 시도를 하는 자기주도적인 학습인의 자세를 가질 때 가능한 일이다.

이러한 축구의 명품 골 창조 프로세스는 어떤 직업, 조직 내에 어느 직무에서도 적용되는 성공 원칙이다. 위기의 직장에서 차별화된 몸값 향상과 남다른 성과물을 창출함으로써 조직 내외에서 알아주는 슈퍼 직장인이 되는 프로세스도 똑같다. 하지만 폭넓은 통찰력을 가진 직무장인도, 늘 다른 사람들에게 일할 의욕을 불러일으키는 활력 창출자도, 매번 '더 나은' 가치를 창출해서 조직에 기여하는 가치창조자도 일의 주인이 되어 일하는 재미와 열정의 강도가 약해지지 않고 유지될 때만이 가능한 법이다. 결국 '일하는 재미'가 명품을 만들어 내는 근원인 것이다.